A donde la ballena te lleve

Abandonarse a la providencia

Alejandro Fernández Barrajón

A donde la ballena te lleve

Abandonarse a la providencia

Paulinas

Imagen de cubierta: Iswanto Arif.
Diseño de cubierta y maquetación: Alba Cosío Velasco.

© PAULINAS 2025
Carril del Conde, 62 - 28043 Madrid
Tel.: 91 721 89 84 - Fax: 91 759 02 04
E-mail: editorial@paulinas.es
www.paulinas.es

© Alejandro Fernández Barrajón
E-mail: barrajon@gmx.es

ISBN: 978-84-19408-47-1
Depósito Legal: M-1015-2025

Impreso en Gar.Vi. 28970 Humanes (Madrid)
Printed in Spain. Impreso en España

«Ten paciencia.
Espera hasta que el barro se asiente
y el agua esté clara.
Permanece inmóvil
hasta que la acción correcta
surja por sí misma»

(Lao Tse)

Dedicatoria:

A quienes han vivido la situación de airada tempestad y viven
ahora la esperanza de calma en la fe de Jonás: María Teresa
Ortiz Villahermosa, Mercedes Cano Esquivel, Mari Carmen
Arias, Jesús Arenas, María Ángeles e Isidro, Rodolfo Gutié-
rrez, Tomás García Martín Moreno, Mario Sanz del Castillo,
que han compartido conmigo la experiencia del vientre de la
ballena, porque siempre llega la suavidad de las arenas de la
playa de Nínive, como estaba prometido.

«Ayer fui llama ardiente en el vientre materno de una remota
estrella. Aún hoy conservo las brasas en el rojo pasión de la
sangre, en la luz que alumbra mi mirada»

(Miguel Ángel Mesa Bouzas)

I
Punto de partida

Vino palabra del Señor a Jonás, hijo de Amitai, diciendo: «Levántate, ve a Nínive, la gran ciudad, y proclama contra ella, porque su maldad ha subido hasta mí». Pero Jonás se levantó para huir a Tarsis, lejos de la presencia del Señor. Y descendiendo a Jope, encontró un barco que iba a Tarsis, pagó el pasaje y entró en él para ir con ellos a Tarsis, lejos de la presencia del Señor. Y el Señor desató sobre el mar un fuerte viento, y hubo una tempestad tan grande en el mar que el barco estuvo a punto de romperse. Los marineros tuvieron miedo y cada uno clamaba a su dios; y arrojaron al mar la carga que estaba en el barco para aligerarlo. Pero Jonás había bajado a la bodega del barco, se había acostado y dormía profundamente. El capitán se le acercó y le dijo: «¿Cómo es que estás durmiendo? ¡Levántate, invoca a tu Dios! Quizás tu Dios piense en nosotros y no pereceremos». Y cada uno dijo a su compañero: «Venid, echemos suertes para saber por causa de quién nos ha venido esta calamidad». Y echaron suertes, y cayó la suerte sobre Jonás. Entonces le dijeron: «Decláranos ahora por causa de quién nos ha venido esta calamidad. ¿Qué oficio tienes, y de dónde vienes? ¿Cuál es tu tierra, y de qué pueblo eres?». Y él les respondió: «Soy hebreo, y temo al Señor Dios del cielo, que hizo el mar y la tierra». Los hombres se atemorizaron en gran manera y le dijeron: «¿Qué es esto que has hecho?». Porque ellos sabían que él huía de la presencia del Señor, por lo que él les había declarado. Entonces le dijeron: «¿Qué haremos contigo para que el mar se calme en torno nuestro?» Pues el mar se embravecía más y más. Y él les dijo: «Tomadme y lanzadme al mar, y el mar se calmará en torno vuestro, pues yo sé que por mi causa ha venido esta gran tempestad sobre vosotros». Los hombres se pusieron a remar con afán para volver a tierra firme, pero no pudieron, porque el mar seguía embraveciéndose contra ellos. Entonces invocaron al Señor, y dijeron: «Te rogamos, oh Señor, no permitas que perezcamos ahora por causa de la vida de este hombre, ni pongas sobre nosotros sangre inocente; porque tú, Señor, has hecho como te ha placido». Tomaron, pues, a Jonás y lo lanzaron al mar; y el mar cesó en su furia. Y aquellos hombres temieron en gran manera al Señor; ofrecieron un sacrificio al Señor y le hicieron votos. Y el Señor dispuso un gran pez que se tragara a Jonás; y Jonás estuvo en el vientre del pez tres días y tres noches.

(Jonás 1,1-17)

Estoy en un momento de mi vida muy singular, como Jonás. Un adulto con más de sesenta años, sacerdote y consagrado, incapacitado permanente y con algunas secuelas a causa de un tumor cerebral que he padecido.

No deseo jubilarme, pero todo me ha conducido a una jubilación anticipada, contra mi voluntad.

Mi vida ha sido un cóctel de experiencias muy ricas, muy concentradas, donde Dios ha tenido con frecuencia la última palabra. Siempre que le he dejado, claro.

En estos momentos estoy lejos de mi convento, de mis hermanos consagrados, de mis actividades pastorales, cuidando y dejándome cuidar, sobre todo, por mi madre, con sus 90 años, viuda, sola y con algunos achaques propios de su edad. Ella con sus achaques y yo con los míos, que no son menos. Nunca pensé que llegaría a ser un sacerdote tartamudo y torpe después de ser profesor de jóvenes, Superior Provincial de mis hermanos religiosos mercedarios de Castilla y presidente de CONFER, la institución que reúne a todos los religiosos y religiosas de Vida Religiosa activa de España.

Este es un momento no escogido, como el vientre de la ballena de Jonás, pero privilegiado, donde puedo disfrutar de la infancia que no viví del todo y de la juventud que me tocó vivir lejos de mi pueblo y de mi familia. He logrado reunir de nuevo a todos mis amigos de la infancia que aún viven en el pueblo y disfruto con ellos de momentos muy entrañables: rutas de senderismo, fiestas familiares, escapadas turísticas, actividades culturales. Soy como Jonás, que fue adonde no quiso, o como un discípulo de Emaús, que consiguió llegar a su aldea y encontrarse con Jesús en la fracción del pan y en la Palabra compartida. Soy un alejado de mi elección, pero no de mi Señor. Cada día que pasa me voy dando cuenta de que no se puede ser más feliz de lo que ahora soy.

Acaba de sonar mi despertador interior –sin mi permiso– a las 6:12h. de la mañana. Mi primer momento de consciencia ha sido para dar gracias a Dios por este don precioso de la vida que me va regalando. Hoy cumplo años. Cumplir años parece algo vulgar, pero para mí son los más especiales que he vivido. En estos últimos tiempos he tocado la posibilidad real de la muerte, ¡la he sentido muy de cerca! ¡Más cerca que nunca! Poder abrir los ojos hoy a la vida de nuevo es una sensación muy apacible. ¡Gracias, Dios mío! Por esta nueva oportunidad que me concedes. Mi primer pensamiento ha sido para mis padres. Gracias a ellos –mediación de Dios– hace ahora muchos años me asomé a la vida sin saber que llegaba. El día del cumpleaños debería ser el día de las madres, porque fueron ellas las que nos parieron con dolor y después pusieron un amor insobornable por si faltaba algo.

Me he levantado de un salto porque sé que hoy me esperan emociones especiales. He abierto la persiana de mi habitación, como hago todos los días a la misma hora, y la calle estaba desierta ¡No se veía ni un alma! En el cielo aún resistía una luna quebradiza, difuminada por la neblina que se reflejaba en los techos de los automóviles dormidos aún. Un mendigo cruzaba la calle a esta hora temprana arrastrando un contenedor de basura que seguramente serán sus únicas pertenencias. Yo vivo en una casa amplia y hermosa, tengo una madre maravillosa, una familia de lujo, una comunidad de consagrados, una legión de amigos. ¿Qué más puedo pedirle a Dios y a la vida? ¡Me siento bendecido!

Me he puesto enseguida a hacer mis «abluciones». Hoy tengo que estar especialmente guapo –aunque lo tenga complicado– porque presiento que va a ser un día intenso. ¡Quiero agradecer hoy a Dios especialmente el don de la vida!

En la Eucaristía que celebraré a las 8 de la mañana, el salmo me recuerda mi condición de consagrado: «Aquí estoy, Señor, para hacer tu voluntad». Además, quiero celebrar hoy la Eucaristía con un cáliz especial: un cáliz dorado que me regaló una buena paisana mía antes de morir, Adora, y que, a su vez, perteneció a un ilustre sacerdote de mi pueblo hace ya muchos años, más de sesenta, Don Deogracias.

Al terminar la Eucaristía mi teléfono móvil está que echa humo: muchas llamadas, y mensajes, de tanta gente como quiero y me quiere, para felicitarme por esta nueva andadura que comienzo. ¿Tengo o no motivos para sentirme bendecido? Me siento un hombre feliz. Gracias a Dios y a todos vosotros, de corazón. Me siento bien de salud; hay quien valora mis pequeñas conquistas como mis libros; me brotan amigos debajo de las piedras, solo en «Facebook» tengo más de dos mil. ¿Qué más le puedo pedir a Dios y a la vida? Tal vez que no pierda la ilusión por la santidad. Imposible para mí, pero no para Dios.

Mi vida ha sido una serie de vaivenes constantes. Me he encontrado con muchos seres humanos en el mismo vientre de la ballena, sin esperanza a ser vomitados en las playas de Nínive. Algunos de ellos, con sus historias, aparecerán aquí, pero no están todos. Estos son solo una muestra de esto que os digo y deseo compartir con vosotros. Tal vez vosotros habéis sentido también esa experiencia agobiante de estar en el vientre del gran pez, de sentir que os falta el aire y todos los astros se han puesto de acuerdo para que sintáis el agobio y la falta de aire y de esperanza. No os inquietéis, que Dios aprieta, pero no ahoga y lo que más desea es mostrarnos las bellas playas de Nínive donde se abrirá paso la esperanza.

2
Un profeta desobediente

«Las tormentas hacen que los árboles creen raíces más profundas»

(Dolly Parton)

Desobediente. ¿Por qué? Los proyectos de Jonás no eran los proyectos divinos. Dios le había enviado a predicar la conversión a Nínive, una ciudad corrompida, asociada al mal y al vicio, capital del imperio neroasirio, hoy la ciudad de Nainawa, cerca de Mosul, inmensa según la Escritura, porque se tardaba tres días en atravesarla. Era el mayor centro urbano del mundo, con inmensos jardines decorados con estatuas, e incluso tenía un zoo. Un lugar con gran ambiente cultural y artístico.

Jonás no quería ir a Nínive porque no deseaba poner los pies en una ciudad tan pagana y contaminada. Ni quería que una población corrupta pudiera conocer la salvación de Dios. No merecía el perdón, solo merecía el castigo divino. Sus padres habían sido eliminados por los Ninivitas y él llevaba dentro esa herida sangrante que no conseguía curar. Cuando estamos heridos no somos nosotros mismos. Jonás no deseaba que Dios tuviera misericordia de una ciudad tan pagana y maldita como aquella. Una ciudad que adoraba al dios pez, con cuerpo de hombre. ¿Qué pintaba un judío fiel a Yavé en aquella ciudad perdida y a más de ochocientos kilómetros de su amada ciudad de Jerusalén?

Jonás no pudo entender esa decisión divina y quiso librarse de esa tarea. ¿Cómo lo haría? Huyendo muy lejos de su pueblo y en dirección contraria a Nínive. Se iría a Tarsis. ¿Tarsis? Era una zona de moda en aquella época, capital de los tartesos, lo que hoy es la comarca del levante español. Para eso era necesario cruzar todo el gran mar Mediterráneo. Esa ciudad era destino de un fecundo comercio y de gran flujo migratorio. Si Nínive estaba a más de ochocientos kilómetros al este, Tarsis estaba a más de cuatro mil en dirección contraria, hacia el oeste[1]. La intención de Jonás era claramente de huida. Quería poner agua por medio, con más de cuatro mil kilómetros de distancia. Para ello se dirigió al puerto de Jope, hoy conocido como Jaffa, a unos cuarenta y ocho kilómetros al sur de Cesárea, donde en el futuro se construiría la moderna ciudad de Tel Aviv, para

---

1 Posible identificación con España. La mayor parte de los eruditos relacionan Tarsis con España, basándose en referencias antiguas a un lugar o región de España que los escritores griegos y romanos llamaban Tartesos. El geógrafo griego Estrabón (del siglo i a. C.) emplazaba una ciudad llamada Tartesos en la región del río Guadalquivir, en Andalucía (Geografía, 3, II, 11), parece ser que Tartesos se aplica de manera general a toda la parte meridional de la península ibérica. Numerosas obras de consulta dan por sentado que los fenicios colonizaron las costas españolas, y se refieren a Tartesos como una de sus colonias. Sin embargo, no parece haber suficiente prueba que respalde esta teoría.

embarcarse en una nave fenicia, de casco curvo y panzudo, rumbo a Tarsis (Jonás 1,1-3). Jope era un puerto muy activo y sigue funcionando en la actualidad.

Una gran tormenta azotó la nave en medio del Mediterráneo. Los marineros, aterrados, rezaron a sus dioses para evitar la tragedia inminente y, mientras tanto, Jonás dormía escondido en la bodega. El capitán de la nave quiere que también Jonás rece a su Dios. En diálogo con los marineros, Jonás les comunica que quizá sea él el responsable de aquello, porque está escapando del mandato divino y, tal vez, si le arrojan al mar la tormenta se calmará. Dicho y hecho, así lo hicieron.

Una vez en el mar, fue engullido por un gran pez. Es una bajada simbólica del profeta a la muerte, un viejo mito donde se narra la bajada del héroe a la cueva. Lejos de Dios nos sobreviene la muerte. El vientre del gran pez, ¿una ballena?, simboliza las fuentes primigenias. La ballena por fuera es símbolo de lo monstruoso y terrible, y por dentro de la paz y la serenidad. Allí pasó tres días y tres noches, símbolo de lo que será después la muerte de Cristo, nuestra propia muerte, tres días en el sepulcro. Tres días que corresponden, a su vez, a tres purificaciones. En el vientre de la ballena Jonás oró y pidió perdón por su desobediencia. La purificación del yo, la purificación del mal y la purificación de la muerte para poder ser vomitados, como Jonás, en la playa de la resurrección de Nínive, donde Dios le había destinado. Bañarse en las playas de Nínive es como sumergirse en las aguas bautismales. Nínive, la ciudad de Mosul, donde ahora los talibanes iconoclastas yihadistas han destruido con maquinaria pesada las esculturas de los hombres toros alados de Senaquerib, con más de tres mil años de antigüedad, y los restos de la biblioteca de Asurbanipal. Una pérdida cultural, religiosa y simbólica irreparable para la humanidad por ser la patria de Jonás, también venerado por el Corán. Lo cierto es que Jonás consigue llegar hasta Nínive y proclamar que, si no hay conversión, la ciudad será arrasada. Su predicación tiene éxito porque los ninivitas, tan paganos ellos, se convirtieron, hicieron penitencia, se vistieron de saco, se rociaron de ceniza y se pusieron el cilicio, que era una tela rústica negra, hecha de piel de cabra, que se usaba como señal de dolor o de penitencia.

3
Un porqué y dos respuestas

«Es mejor haber amado y perdido
que no haber amado nunca»
(Alfred Lord Tennyson)

El origen de este libro está en una anécdota curiosa. Fui a presentar uno de mis últimos libros a Villacañas, un pueblo de Toledo, con la inestimable ayuda de un amigo de allá: Lucio Sánchez Rivera. Allí es párroco y arcipreste de la zona don Luis Manuel Lucendo. Después de la presentación, el párroco nos invitó a tomar un refresco y a charlar un rato. Fue allí donde don Luis me expuso todas las cuestiones con las que no estaba de acuerdo de mi libro. Pero, a la vez, me comunicó que era muy bueno tener ideas distintas y que, desde el espíritu de sinodalidad que el Papa nos estaba proponiendo, era muy sano escucharnos unos a otros en las diversas opiniones y tendencias que hay en la Iglesia porque la pluralidad no es una desgracia sino un don. Me pareció don Luis un cura avanzado y abierto, que practica la sinodalidad, mucho más que algunos obispos que he conocido.

Fue allí, charlando en una mesa de un bar, donde don Luis me sugirió este tema: «*Donde la ballena te lleve*» y os confieso que me pareció sugerente y le prometí que sería el título de uno de mis próximos libros. Y estoy cumpliendo mi palabra, la palabra que le di a don Luis Lucendo, párroco de Villacañas y arcipreste de zona.

Ya conocéis el porqué. Ahora me falta explicaros las dos respuestas. La primera es que ese título sugiere el abandono en manos de la providencia, que es una de las cualidades que han caracterizado a los santos a lo largo de su vida. Siempre me han impresionado y me han cautivado los santos. No admiro tanto a los grandes héroes de las batallas o de la historia, cuanto a las personas que han hecho de su vida una entrega a Dios y a los hermanos, desde la coherencia, el servicio y la humildad. ¡Qué envidia! La segunda es que la providencia ha sido uno de los pilares de mi vida. Dios se ha hecho providente en mi vida en muchas ocasiones donde he visto con toda claridad su mano. La mayor providencia ha sido mi experiencia con Jesucristo. Esto ha cambiado mi vida de manera total. Me pregunto qué triste hubiera sido mi vida sin este encuentro providencial.

A lo largo de este libro os iré contando algunos casos evidentes de providencia en mi vida. Como Jonás, me he dejado llevar por la ballena y estoy disfrutando de momentos y experiencias con las que nunca soñé desde los claustros –soy religioso mercedario– y desde las misiones que se me han encomendado. El último lo estoy disfrutando en esta etapa de mi vida y en estos días que Dios me está concediendo. Me pregunto por qué soy tan feliz. Y encuentro pronto la respuesta. Para empezar, porque tengo fe. Eso me ha permitido superar y vivir con esperanza muchos momentos complicados de la vida. ¿A quién no le llegan? Sin la fe, la vida es una cañada oscura donde llegan encrucijadas difíciles de afrontar. Porque tengo salud, que no siempre la he tenido. También tengo a mi madre, con la que vivo, a la que acompaño y cuido y me cuida. Porque tengo libertad y puedo escoger la soledad. Una cualidad que para muchas personas es una desgracia y para mí, sin embargo, es un lujo. Poder subir a lo alto de la sierra de mi pueblo, con mi perrita Linda, y sentirme en soledad mientras contemplo las inmensas llanuras de la Mancha y rezar solo, acompañado por la brisa de la mañana en la cumbre y el canto de los pájaros, es una experiencia que no todos pueden disfrutar.

Ahí he entendido más que nunca *El Cántico de las Criaturas* de san Francisco de Asís. Mi amigo Bernat, franciscano de Mallorca, me dice que soy un mercedario muy franciscano. Y no se me ha ocurrido nunca llevarle la contraria. ¡Soy un privilegiado! Estoy ya en una etapa de mi vida en la me queda menos por vivir de lo que ya he vivido. Dicen que pasando los sesenta comienza la llamada tercera edad, una manera de decir que vamos encaminándonos hacia el final. Lejos de ser para mí un motivo de preocupación o de tristeza, siento que soy un privilegiado y es un motivo más de alegría y júbilo. Jubilación viene de júbilo. Sí, difícilmente me encontraréis en la senda de la tristeza o la depresión. He sido siempre un hombre medianamente feliz, aunque he pasado momentos en los que no tenía ningún motivo para serlo. Y ya llega el tiempo de recapitular. Es una cualidad que suele llegar cuando entramos en una edad más que madura, es decir, en la mía. Y a ello vamos, si me lo permitís. Encontraréis aquí muchas anécdotas y experiencias de mi vida que son rigurosamente reales y me han ayudado a ser lo que hoy soy y a vivir este momento tal como lo vivo. Siempre con el deseo y la intención de que sean útiles para alguien que puede verse reflejado en ellas. He cambiado, eso sí, algunos nombres para guardar la confidencialidad. Creo que he sido un pecador donde Dios se ha hecho presente de muchas maneras a lo largo de mi vida, regalándome su perdón.

4
La fastidiosa costumbre que Dios tiene de llamar

«Cuanto más hacemos, más podemos hacer»
(William Hazlitt)

Sí, sí, Dios es un llamador profesional. Llama una y otra vez sin cansarse. Unas veces para alegría del llamado y otras para fastidiarle la vida. Es verdad que Dios es todopoderoso, omnisciente, eterno, creador, pero también es inoportuno y molestón. Cuando tienes unos planes para tu vida, Dios se mete por medio y te lo cambia todo. María se sintió feliz de ser llamada, a pesar de que intuía todas las inclemencias que le esperaban. Jonás se sintió fastidiado y se escapó lo más lejos que pudo para «hacerse el sueco» aunque no le sirvió de mucho. Dios es, la mayoría de las veces, encantador, pero otras veces es bastante puñetero. ¡Y a ver quién le lleva la contraria!

Le sucedió algo parecido también a Abraham. Sintió una llamada inesperada e incómoda. Fue una experiencia de contrariedad y de confusión. Vivía un contexto de guerra, enfrentamientos y codicia. Pero él se mantiene incólume: «Levanto mi mano hacia Yavé, creador del cielo y de la tierra, el Dios Altísimo, para jurar que no tomaré una hebra de hilo que no me pertenezca, ni el cordón de un zapato» (Gén 14,22). ¿Dónde y cómo descubrió Abraham a Dios? Probablemente en los astros. Para comenzar –era entonces muy común el culto a los astros–, Abraham, hombre de campo, descubre la mano de Dios en la inmensidad de los astros. «Creador del cielo y de la tierra». Y cuando Dios le habla lo hace a través de los signos del espacio: «Mira el cielo y cuenta las estrellas, si puedes contarlas. Así será tu descendencia» (Gén 15,5).

Yo me siento muy cercano a Abraham en este tema, porque también he descubierto a Dios desde muy niño en la naturaleza, en sus noches, durmiendo sobre la mies en la era y en sus amaneceres cuando sacaba mis cabras a pastar y el día me sorprendía en lo alto del monte. Una vocación, la de Abraham y la mía, cargada de exigencias: dejar la tierra, la familia, la casa, el país... Dios es, a veces, fastidioso para el hombre. Sin renuncias no hay vocación madura (son las exigencias del amor, de todo amor auténtico). No somos convocados para ganar ante el mundo sino para ser signo de contradicción. No hay edades para la vocación, a cualquier edad hay que responder. Todos los días hay que hacerlo.

Partió, se puso en camino: la vocación exige dinamismo. En medio de los acontecimientos de la vida, Abrahán va descubriendo la presencia de Dios en medio de su ausencia. «Aunque es de noche», dirá san

Juan de la Cruz. La vocación es un largo proceso lleno de altibajos. Es una vida entera, un camino, supone un cultivo constante... Abraham tardó tres días en la subida al monte Moria para sacrificar a su hijo. ¡Tres días! Momento de maduración de la respuesta que ha de dar. Tres días estuvo Cristo en el sepulcro de la muerte, la mayor cautividad humana. Es necesario el proceso de que el grano de trigo se pudra para que nazca la espiga de la resurrección.

Descubro que tengo vocación de verdad cuando el tiempo y las dificultades me han probado. La vocación es prueba cimentada por el tiempo. Llegan las dudas y las crisis: ¿Qué me darás? «Estoy viejo, para morir y sin hijos». El primer gran miedo de Abraham es su familia y su descendencia. Y ante este miedo Dios le probará pidiéndole a su hijo. Tiene tanto miedo que duda de Dios, al verse viejo y sin hijos, y recurre a Agar, la esclava, por si acaso. Y para aminorar la culpa de Abraham, el autor sagrado hace culpable a Sara, porque es ella quien se lo pide a Abraham. ¡Extraño! Otro gran miedo de Abraham es el temor a los egipcios (2,10-20). Abraham oculta la identidad de su mujer y la presenta en Egipto como hermana. Le mueve el miedo a ser asesinado. La belleza de «su hermana» puede librarle ante los ambiciosos egipcios. La Biblia lo cuenta tres veces; esto quiere decir que es significativo (tres veces se cuenta la vocación de Pablo, tres veces Jesús predice su pasión y muerte, tres veces pide Jesús a Pedro que le confirme su amor).

A veces, esperamos recompensa por lo que hacemos como si le hiciéramos un favor a Dios. La vocación es un don. Abraham quiere ver de inmediato el premio a su obediencia. La promesa se enturbia por la duda de Abraham. La vocación auténtica conlleva cruz: «Sabe ya desde ahora que tus descendientes morarán como extranjeros en una tierra extraña, en la que se verán esclavos y serán sometidos durante cuatrocientos años». Pero se mantiene la promesa: «Cien veces más en esta vida y después la vida eterna». «A tu descendencia doy esta tierra, desde el torrente de Egipto hasta el gran río».

El camino de toda vocación es incierto y oscuro, una lucha entre la esclavitud y la libertad. Ser y no ser. Fidelidad e inconsecuencia. Agar e Ismael: la esclavitud. Sara e Isaac: la libertad. La vejez de Sara es una prueba más para la promesa: «Sara se rio». La hierofanía trinitaria. Dios visita a su pueblo. Abraham se convierte en mediador ante la destrucción de Sodoma: «¿Y si hay diez justos?». La prueba más cruel: el sacrificio de su hijo Isaac (Cap. 22). Parece que por fin todo se encamina hacia su destino: El cumplimiento de la promesa. Abraham tiene un hijo de sus entrañas y de su esposa: Isaac. Pues bien, ahora precisamente viene la prueba.

El texto de Génesis, 22,1-18 tiene cuatro partes muy significativas: el mandato: «Tu hijo, el único, el que tú más quieres, ofrécemelo en sacrificio» (resonancias de Cristo, el unigénito del Padre). La ejecución: preciosa narración, llena de detalles y de simbolismo, extensa, para expresar la acción de Abraham minuciosa para obedecer a Dios, aunque le taladre el corazón (resonancias de los sacrificios rituales humanos a la divinidad). El diálogo: dramático momento lleno de ternura y de congoja. «Dijo Isaac a su padre: "¡Padre!" Respondió: "¿Qué hay hijo?". "Aquí está el fuego y la leña, pero ¿dónde está el cordero para el holocausto?". Dijo Abraham: "Dios proveerá el cordero para el holocausto, hijo mío"». Impresionante profecía del Padre y su Hijo Jesucristo, el cordero para el holocausto. El juramento reafirmado: «Te colmaré de bendiciones por haber hecho esto».

Los planes de Dios no son nuestros planes. La prueba de la fe llega hasta extremos límites. Muchos pierden la fe en el intento. ¡Cuántos pierden la fe ante el sacrificio de un hijo, de un ser querido, de un amigo! La vocación tiene mucho de misterio. No hay vocación sin noche oscura. La fidelidad se muestra en estos momentos difíciles. Abraham es el hombre que creyó a Dios. «Te colmaré de bendiciones y multiplicaré tu descendencia, que será como las estrellas del cielo y como la arena de las aguas marinas...». La vocación es encarnación en la cotidianidad. No hay privilegios para los escogidos. La fe es una apuesta de amor sin condiciones. Que tiene que pasar noches oscuras. Que exige respuestas claras, no ambiguas, y a veces en situaciones límite. Que exige en la vida consagrada la renuncia a la paternidad y maternidad biológicas para recibir de Dios, hijos e hijas de la promesa, hijos condenados a muerte en el mundo de hoy, en la cautividad. Solo la fidelidad garantiza el cumplimiento del mandato evangélico: «El que dejare, casas, padres, hijos, tierras...». Una invitación a sacrificar en aras de los votos los hijos legítimos que nos corresponden, para recibir de Dios otros hijos de la humanidad cautiva.

5

Cómo a las personas les gusta escurrir el bulto

«El amor inmaduro dice: "Te amo porque te necesito".
El amor maduro dice: "Te necesito porque te amo"»

(Erich Fromm)

Está claro que Jonás quiso escurrir el bulto. Si podía librarse de aquella misión incómoda lo haría, pero aún no sabía cómo se las gastaba Yavé. Es muy fácil aceptar una invitación para ir de fiesta o para disfrutar de unas vacaciones o un paseo con los amigos. Es más difícil aceptar un compromiso que nos fastidia los planes personales o nos obliga a trabajar cuando menos lo esperábamos. Y Dios se hace presente muchas veces sin saber muy bien cómo para complicarnos la vida. Y nosotros, si podemos, escurrimos el bulto con mil disculpas que no nos creemos ni nosotros. «Es que he comprado una yunta y la tengo que probar, es que no sé hablar bien», decía Moisés, «es que soy muy rico, es que, es que, es que…».

Uno de los llamados, como Jonás, que quiso resistirse, fue el profeta Jeremías. Veamos: nos situamos en el siglo VII, A.C. Hacia el año 650 nace en el seno una familia sacerdotal, natural de Anatot, a 6 kilómetros de Jerusalén. Hombre de campo, fusionado con la naturaleza. Con una rica y fuerte personalidad. En el capítulo 1 se nos dice: «En tiempo de Josías, hijo de Amón, rey de Judá, en el año trece de su reinado». Estamos, por tanto, en el momento en que se escribe el texto, alrededor del año 627 a. J. C. Tiempos difíciles, entonces y ahora, «Miro a la tierra: ¡caos informe, al cielo, está sin luz!; miro a los hombres, tiemblan; a las colinas, danzan; miro: no hay hombres, las aves del cielo han volado; miro: el vergel es un páramo, los poblados están arrasados».

La época de Jeremías es difícil: a la decadencia de Asiria le sucede el poder medo. En el año 627 tiene lugar la independencia de Babilonia y en 612 la caída de Nínive. El nuevo emperador, Nabucodonosor, vence a Egipto y su presión se deja sentir en el pequeño reino de Judá. Hay señales de preocupación: Josías, el rey, muere joven luchando contra Egipto. Joaquín, su hijo y sucesor, de política nefanda, deja de pagar tributo a Nabucodonosor y muere en el asalto a Jerusalén. Jeconías es deportado a babilonia y Nabucodonosor pone por rey a Sedecías, otro hijo de Josías, débil, indeciso y manejado, pero se rebela contra Nabucodonosor y es hecho prisionero. Destruyen Jerusalén (597), gran parte de la población es desterrada a Babilonia, y al rey le sacan los ojos después de presenciar la muerte de sus hijos.

Aquí se sitúa la misión de Jeremías, una vocación incómoda para un joven de 19 años. Si le preguntáramos por qué actúa así, por qué es tan radical, por qué tanto sufrimiento en él, respondería de inmediato: «Porque Dios me ha llamado». En Jer 1,4-19 se narra la vocación del profeta. Un precioso texto que merece una pausada meditación.

La llamada del profeta tiene estos momentos: conciencia de haber sido escogido desde siempre. «Antes de formarte en el vientre de tu madre te conocí, antes que salieras del seno te consagré, como profeta de las gentes te constituí». Dificultades que pone el profeta para responder: «Mira que solo soy un niño, mira que no sé hablar». Confirmación de Dios ante las resistencias del profeta: «Irás dondequiera que yo te envíe y dirás todo lo que yo te mande». Recibe la misión: «Desde hoy mismo te doy autoridad sobre las gentes y sobre los reinos para extirpar y destruir y plantar».

Las dificultades de la misión serán muchas: vive su celibato y su vida solitaria como una frustración (Cap. 16). Era de alma tierna y sensible, hecho para amar, y sin embargo Dios le encomienda que «extirpe, destruya, reconstruya y plante». Le toca, sobre todo, predecir desgracias. Era un hombre de paz y tuvo que vivir siempre en lucha: contra los suyos, contra los reyes, los sacerdotes, los falsos profetas, el pueblo.

Hay una hermosa simbología que acompaña a la llamada: una rama de almendro. Refleja, por una parte, la fecundidad de los enviados y, por otra, la belleza de la llamada.

Puchero en el fuego: la llanada ha de cocerse lentamente en el discernimiento y al calor del fuego del Espíritu. De pie y ceñidos los lomos, porque el enviado ha de estar preparado siempre para salir a su misión.

Muro de bronce: significa que del norte vendrá la desgracia, pero nada podrá contra él, porque Dios vigila sobre él y es su valedor: No tengas miedo. Jeremías no será vencido.

Su misión es impopular: el profeta está enviado a decir lo que la gente no quiere oír. Su tarea es incómoda, por eso no es escuchado (25,3) y es objeto de burla: (20,8b).

No tiene vida privada: (16,2) su familia se opone (11,18) y esto es causa de gran sufrimiento para el profeta. Lo rodean sus enemigos y maquinan contra él (18,18).

Padece la contradicción y la detención (20,1-6; 26,9; 37,11). Estamos ante la crisis de un profeta cansado que dirige sus quejas contra Dios: «¿Me has engañado? "Yo me decía: "no pensaré más en él, no hablaré más en su nombre" pero era dentro de mí como un fuego devorador encerrado en mis huesos"». Jeremías no comprende y se pregunta (12,1-3; 15,11.18). No entiende que siempre tenga que ir contracorriente (15,10; 20,8): «Ay de mí, madre mía, que me engendraste hombre de pleitos y contiendas con todo el mundo» (15,10).

Su futuro está lleno de incertidumbres: después de la toma de Jerusalén, Jeremías escoge seguir en Palestina junto a Godolías, el gobernador nombrado por los caldeos, pero este fue asesinado y un grupo de judíos temeroso de represalias se marchó a Egipto. Seguramente Jeremías iba con ellos y murió allí.

El fracaso a corto plazo en la vida del testigo y la fuerza de Dios que se manifiesta en la debilidad. Se queja de su dolor y soledad (4,10-20; 9,2.15,10-17). Su vida le parece maldita (20,7-17).

Le consuela sentirse siempre en manos de Dios. Descubre que la llamada y la misión le sobrepasan. Tiene conciencia de sus limitaciones: no se considera preparado, es muy joven y siente miedo. Descubre que Dios actúa en la historia. Saber ver y leer los símbolos que se le ofrecen. Discernimiento profundo. Descubre la fuerza de Dios en su debilidad. Es frágil, débil y tímido, pero puede actuar como muro de bronce. Gracias a su vocación descubre en él cualidades que no esperaba tener. («Te basta mi gracia» dirá después san Pablo).

La pasión de Jeremías es el drama del libro (36,26). Jeremías es cuestionado en el pueblo y por las autoridades; no puede dejarse ver en público. Dios le pide que escriba. La Biblia empieza a fraguarse. Sus palabras molestan también. Baruc es el escriba y Yoyaquín, el rey, manda quemar ese libro. Pero la palabra es rescatada de nuevo: «Vuelve a tomar otro rollo y escribe en él todas las cosas que antes había en el primer rollo que quemó Joyaquín, rey de Judá» (vv 27-28).

La pasión de su persona (36,37). El guardia Yiriyías ve salir a Jeremías y cree que quiere pasarse al enemigo. «Le llevó a los jefes, los cuales se irritaron contra

Jeremías, le dieron golpes y le encarcelaron en casa del escriba Jonatán, convertida en prisión». El rey Sedecías manda traerle y le interroga. Jeremías no se calla y habla claro al rey: «Serás entregado en manos del rey de Babilonia» y le reprocha su encarcelamiento: «¿En qué te he faltado a ti, a tus siervos y a este pueblo para que me hayáis puesto en prisión?» (v.18). Después suplica al rey clemencia y este tiene piedad de él a pesar de la dureza de su profecía.

La condena a muerte (38,1-13): hay un verdadero paralelismo con el motivo que dan para condenar a Jesús: «No procura en absoluto el bien del pueblo sino su daño». Y es condenado a muerte: «Ea hágase morir a este hombre porque con sus palabras desmoraliza a los guerreros y a toda la plebe». Descolgaron con sogas al profeta hasta el pozo y se hundió. «En el pozo no había agua, sino fango, y Jeremías se hundió en el fango».

Últimas palabras (38,14-18): por fin el rey Sedecías se apiada de él y le saca del pozo, para pedirle una palabra profética. Jeremías le responde: «Si te soy sincero seguro que me matarás, y aunque te aconseje no me escucharás». Esta respuesta tiene un impresionante paralelo con la de Jesús ante el Sanedrín: «Aunque os lo diga no me creeréis; y si os pregunto no me responderéis» (Lc 22,67).

Por fin, libre (20,2-4). Pronto llega su muerte. Jeremías sufre primero la suerte de los que viven en Jerusalén, después es exiliado a Egipto, donde morirá oscuramente. Su vida acaba sin gloria, su voz se extingue, su ciudad castigada, su pueblo oprimido. La maduración personal del profeta de entonces y de ahora. Este sufrimiento acrisoló su alma y le abrió a una relación madura con Dios. Es coherente. Antes de actuar él vive en su corazón cuanto anuncia.

Su misión fracasa durante su vida, pero su mensaje y su figura crecieron detrás de él hasta convertirse en punto de referencia de su pueblo. Es una de las grandes figuras del profetismo. Se le considera el padre del judaísmo en su línea más pura: aquella que busca la pureza del corazón y el protagonismo de los valores espirituales. Se descubre elegido y consagrado. Contaminado e invadido por los sentimientos y deseos de Yavé. Enviado a una misión difícil, a contracorriente. Analizando, interpretando y denunciando la realidad con valentía. Es un hombre encarnado e insatisfecho. Que apuesta firmemente por la esperanza: «Con amor eterno te amé, por eso prolongué mi lealtad; te reconstruiré y quedarás reconstruida, capital de Israel de nuevo saldrás enjoyada a bailar con panderos en corros de nuevo plantarás viñas en los montes de Samaría, y los que las plantan las cosecharán» (cf. Jer 31,3-1). Portador fiel de una palabra que permanece. «Haré que mis palabras sean fuego en tu boca y de este pueblo haré leña que el fuego devorará» (Jer 5,14). Paralelismo significativo con Pablo y con Cristo. Con Pablo: «Pero cuando Aquel que me separó del seno de mi madre y me llamó por su gracia» (Gál 1,15).

6
¿Dios castiga o no castiga?

«Dios no puede castigaros siendo justo,
y si no es justo no es Dios,
y dejando de ser Dios
no hay para qué temerle ni obedecerle»

(John Milton)

En el Antiguo Testamento aparece el castigo divino como algo natural. En el libro del Levítico los leprosos tenían que vivir fuera del campamento y eran considerados malditos. Estaban enfermos porque ellos o sus padres habían hecho algo mal y Dios les había castigado. Tenían que ir vestidos de harapos, con la cabellera desgreñada, gritando «Impuro, impuro» por los caminos. El Dios del Antiguo Testamento era un Dios castigador. Jesús rompe esa mentalidad para mostrarnos a un Dios que es ternura, compasión y perdón. Por eso se acerca y toca al leproso, que acude a Él pidiendo ser curado. «Si quieres puedes limpiarme. Compadecido, extendió la mano y lo tocó, diciéndole: "Quiero, queda limpio". La lepra se le quitó inmediatamente y quedó limpio» (Mc 1,40-45).

El cambio de mentalidad que Jesús provoca es inmenso. De un Dios castigador pasamos a un Dios compasivo y misericordioso. Un Dios que aún no acabamos de descubrir en nuestros días. Aún seguimos pensando que Dios castiga a sus hijos por sus errores. Pero entonces, ¿Dios castiga o no castiga? A primera vista parece que sí. Y muchos, incluso creyentes, están convencidos de ello. Ya lo mamamos desde niños. Yo recuerdo que cuando hacía alguna travesura de niño, siempre alguien, niño o mayor, me decía «Dios te va a castigar por lo malo que eres». Sin embargo, yo nunca me imaginé a Dios castigándome. Tal vez por eso me dicen algunos que soy de los de manga ancha.

Yo creo que Dios tiene también la manga muy ancha, más que yo. Y quien lo dude que eche un vistazo a los evangelios de la misericordia. Cuentan que santa Teresita de Lisieux en algún momento dudó de que existiera el infierno, convencida del amor inmenso de Dios, incapaz de castigar a sus hijos eternamente. Alguien le dijo que eso era un dogma de fe, a lo que Teresita respondió: «Entonces el infierno está vacío».

Es verdad que Dios permite muchas desgracias en el mundo y en la naturaleza. Es verdad, pero nunca son un castigo divino sino una consecuencia de la libertad humana. La mayoría de las desgracias llegan de la mano de las personas o de la propia dinámica de la naturaleza, que es también una criatura. Después de escuchar a Jesús no puedo imaginarme a un Dios vengativo que toma nota de todo lo que no hacemos bien para darnos nuestro merecido. No he conocido nunca en la vida a un padre vengativo para con sus hijos. Los he conocido lejanos, egoístas, violentos, despreocupados, pero nunca vengativos. Esas visiones de algunos videntes donde se amenaza constantemente a sus hijos, donde el fuego del infierno se convierte en protagonista, me ha parecido siempre una gaita. Si Dios es misericordia y ternura sin límite yo creo que no entra en él eso de castigar como lo entendemos en el ámbito humano. Otra cuestión muy distinta es que permita ciertas situaciones incomprensibles para nosotros para que aprendamos a superarnos y a vivir la vida con más sentido, eso sí. O que respete nuestra decisión libre de querer vivir al margen de Él o contra Él. «Esto es un verdadero infierno para mí». Todos hemos tenido la experiencia de que situaciones difíciles nos han hecho crecer en humanidad, nos han acercado más a Dios, nos han hecho valorar más el apoyo de los hermanos y nos han ayudado a relativizar muchas cosas que nos parecían esenciales y no eran para tanto. Ya conocemos el refrán: «Dios aprieta, pero no ahoga».

7
El miedo o cuando temblamos de arriba abajo

«Bienvenidos los encuentros no previstos en agendas,
el amor sin estadísticas, el tiempo sin reloj.
Bienvenida sea la entrega sin bolsillo ni moneda,
bienvenido sea el sueño que habita en el soñador»

(Axel Milanés)

El miedo forma parte de la realidad de la vida humana. En el fondo, es una defensa para sostener la vida. Es una emoción muy desagradable que intuye que algo amenazante va a pasar y el organismo reacciona para protegerse y se pone a la defensiva. Ya en el libro del Génesis aparece el hombre con miedo ante Dios porque está desnudo y se esconde. Era una desnudez ocasionada por su pecado: «¿Dónde estás?». Y respondió: «He oído tu voz en el huerto y tuve miedo porque estoy desnudo; por eso me escondí» (Gén 3,9-10). Cuando estamos desnudos ante Dios, pero en gracia, no sentimos vergüenza de la desnudez. No tenemos nada que esconder.

El miedo más fuerte que las personas experimentamos es el miedo a la muerte, a la enfermedad y al sufrimiento. Me impresionó mucho la muerte de un famoso y exitoso cantante como Kurt Cobain, líder de Nirvana y líder de la Generación X, cuando acabó con su vida con una escopeta el día 5 de abril de 1994. Tuvo una infancia difícil con el divorcio de sus padres, padeció bronquitis, laringitis, dolores de estómago y se dejó llevar por la heroína hasta caer en el suicidio cuando tenía todas las cartas para el éxito.

Deberíamos experimentar más miedo a la infidelidad y a nuestra incoherencia ante Dios y al proyecto que Él tiene para nosotros. Ahí está nuestra verdadera perdición. Pero nuestra fe es tan débil y tan superficial que tenemos miedo a todo menos a lo esencial. Deberíamos tener miedo, mucho miedo, a enamorarnos de la oscuridad. Nuestro mundo está obsesionado con las sombras y padece alergia a la luz. Cada día los noticiarios nos asustan con tantas noticias oscuras y tristes. ¡Y qué pocas noticias hay luminosas y felices! Salimos de una guerra y nos metemos en otra, violaciones, violencia doméstica, crispación política... ¡Con lo hermoso que sería una vida serena y feliz, disfrutando de este maravilloso planeta azul que Dios nos ha regalado! Nos pasamos la vida con miedos y preocupaciones y Dios nos da todos los motivos posibles para que nos sintamos hijos amados. Y sin embargo la promesa de Dios supera todo miedo y preocupación. «No tengas miedo, pequeño rebaño, porque vuestro Padre ha tenido a bien regalaros su Reino» (Lc 12,32-48).

8

¿Muchos dioses o un solo Dios? Según se mire

Si echamos un vistazo a nuestro alrededor descubriremos muchos dioses a los que servimos de continuo. Somos creyentes de un solo Dios, pero servimos y adoramos a muchos dioses humanos o materiales. Los dioses se multiplican a medida que nos vamos arrojando en sus manos y les rendimos pleitesía.

En la sociedad actual, muchos dioses ocupan el trono de Dios con mucha naturalidad, porque los invitamos al salón de nuestra vida con mucha frecuencia y entran, se sientan en el sillón del salón familiar y se quedan. Y después es muy difícil echarlos, se convierten en ocupas permanentes que luchan por hacerse legales en nuestra vida. He conocido a muchas personas bautizadas que adoran a muchos dioses.

Hay un dios muy común en los días presentes: el del individualismo, que es, en el fondo, adorarse a uno mismo. Lo hacemos cuando construimos un mundo que gira en torno a nosotros mismos. Es el reino de los *yoes* y los egos inflados, hinchados como un páncreas enfermo, con pancreatitis, ocasionado por el alto consumo de sustancias tóxicas. Este dios lanza con frecuencia a sus fieles al infierno de la soledad. Es el lugar de la amargura sin retorno.

Otro dios de nuestros días, y de todos los tiempos, es el de la riqueza. El mismo al que adoró Judas Iscariote cuando besó a su amigo, el Maestro, al que crucificaron, y a él le llevó al suicidio. Este dios es insaciable, porque cuanto más le ofreces más te exige. Hoy se educa a los niños para adorar a este dios desde muy pequeños, cuando se les concede todo lo que piden y nunca se les dice que no a sus exigencias para no frustrarlos. Vivimos y acumulamos como si nos fuéramos a quedar aquí siempre. Lo niños crecen creyendo que todo el mundo les pertenece y que no hay límites para ellos. Su infierno es la frustración y la amargura. Enchufados desde muy pronto a un teléfono, se acostumbran a vivir para ellos sin mirar que a su lado hay otras personas. Se les educa para ser ricos y tener éxito material en la vida, no para ser generosos y solidarios. Es un dios que se ha colocado en los altares de nuestras plazas y ha conquistado, incluso, a algunos sacerdotes más preocupados de inmatricular bienes que no son suyos, que de organizar una pastoral evangelizadora y liberadora. Tengo varios nombres en mi cabeza, pero los voy a dejar en el silencio porque no es el objetivo de este libro denunciar, sino animar.

Otro dios que detesto, pero está muy presente hoy, es el de la superficialidad. Está en todos los altares de la vida y de la sociedad y va penetrando en el tejido humano hasta producir en él una verdadera metástasis, muchas veces irreversible. Es amigo de la televisión y de las redes sociales, y se va expandiendo como la pólvora. Lo detesto para mi vida, pero algunas veces me codeo con él y me deja sin valores, sin fuerzas y sin ganas de futuro. Me empuja al infierno del malvivir por acostumbrarme a vivir sin la pasión que alberga la vida.

Otro dios terrorífico es el de la autosuficiencia. Nos aleja de los demás y nos exige el sacrificio de servir al egoísmo y el de expulsar de nuestro entorno a todos los que no seamos nosotros y los nuestros. Cada vez que servimos a este dios resulta imposible lograr un proyecto común de éxito y de bienestar para todos.

Si seguimos mirando en el Olimpo de la actualidad vemos que también está en el templete de los dioses el dios placer. Adorarle es vivir para pasarlo bien, disfrutar de los muchos placeres de la vida y que le parta un rayo a quien haya tenido peor suerte que nosotros. A esta nueva religión se le llama «Estado del bienestar para unos pocos», y se ha convertido en una consigna indiscutible. Por culpa de esta fe tan extendida, se cierran las fronteras a los que no tienen futuro ni viven una vida digna y en paz en sus lugares de origen, y los mares se convierten en cementerios de madres abrazadas a sus hijos. Es un dios cruel que exige sacrificios de vidas humanas como en la antigüedad.

Más allá de las columnas del egoísmo, en el templo de los nuevos dioses, está la estatua a la diosa indiferencia. Una diosa detestable pero muy popular que aumenta día a día en seguidores. Es una diosa sin ojos que, al no tenerlos, no siente nada en su corazón marmóreo.

Su credo proclama: «Ojos que no ven, corazón que no siente».

No perdamos de vista al dios del egoísmo. Un dios sin entrañas que produce casi trescientos millones de hambrientos en el mundo en más de sesenta países. Un dios cruel e inhumano al que servimos malgastando y tirando comida a la basura porque nos sobra. Un dios que provoca las guerras y los cambios climáticos que afectan, sobre todo, a los más pobres, cuando viven mayormente de la tierra. Hablamos constantemente del Estado del Bienestar, pero este dios egoísta destroza los derechos humanos y condena a muchas personas al subdesarrollo y a una vida insostenible. Cuando la persona adora y sirve al dios del egoísmo cierra el futuro y los pobres pueden echarse a temblar. De ahí viene el hambre, la malnutrición de los niños, la falta de oportunidades más elementales, la falta de vivienda, de trabajo, de sanidad... una niebla espesa que todo lo cubre y congela.

No hablemos del éxito que tiene el dios incoherencia entre nosotros. No vivimos como creemos, ni mucho menos como pensamos. Nos sucede esto en la vida social, en la vida de la Iglesia, en la familia, entre los amigos, en el trabajo… Vivimos muchas veces de apariencias y fachadas que no se sostienen en la más mínima reflexión. Estamos en la sociedad de la envoltura en papel decorado y con lazo brillante, pero el interior es superficial y material. Nadie como Jesús nos ha definido tan bien: «Sepulcros blanqueados». Últimamente está de moda en la Iglesia sacar de los cajones de la sacristía las vestiduras clásicas guardadas desde el Concilio Vaticano II y conservadas con naftalina.

Otro dios, muy cruel y agresivo, al que servimos es el dios de la violencia. Estamos abrumados por la tendencia creciente a vivir rodeados de violencia. Se hace muy duro contemplar esta escalada de violencia, sobre todo en las guerras, que no respetan a nadie ni a nada. Violencia que muchas veces, es provocada por los intereses de unos pocos contra el bienestar de muchos. No hay ni una sola guerra que esté justificada. Unas guerras son muy conocidas porque los medios las dan a conocer a diario y otras muchas pasan desapercibidas, pero ahí siguen haciendo daño. Apenas se oyen las guerras en Yemen, en Sudán, en Siria. Y las consecuencias son terribles. Muchas vidas en peligro a diario. Ha dicho el Papa Francisco que es mejor una tregua para la guerra negociada que una guerra interminable.

No podemos olvidar al dios de la contaminación. Un dios sucio y maloliente, que no se asea ni se lava los dientes, que se empeña, con nuestra colaboración, en destruir este hermoso planeta, nuestro hogar. Este dios lanza amenazas contra todos, pero sobre todo a los más vulnerables. Da grima pasear por el campo y ver todo lleno de plásticos, de electrodomésticos inservibles, de botes… Es una tragedia. El Papa ha querido salir al paso con una preciosa encíclica: *Laudato Si*. Se hace urgente leerla y trabajarla.

Hay otro dios al que servimos, sobre todo en el mundo desarrollado, que es el racismo. Nuestra sociedad vive inmersa en una plaga de discriminación que obliga a millones de personas a abandonar sus tierras, azotadas por el hambre o la guerra y dirigirse a otras zonas con más futuro humano y económico. Se trata del fenómeno de las migraciones. Las reacciones de muchos no son de acogida, de apoyo y de fraternidad, sino de discriminación y rechazo, incluso en ambientes tradicionalmente cristianos. Esto produce actitudes de violencia que niegan el acceso a los servicios públicos o dificultan solicitar la tarjeta de residencia, la nacionalidad, el asilo o las ayudas humanitarias. Esto provoca, en ocasiones, la incitación al odio o a la violencia de manera verbal o incluso física. En la actualidad hay más de cien millones de desplazados en el mundo.

Destaca también el dios de la violencia familiar, de género o vicaria, contra los niños. Es un gran problema que supone una gran dificultad para la vida de las mujeres y los niños. Y, aunque hay muchas organizaciones y oenegés que trabajan para erradicar esta violencia, no dejamos de conocer a diario muchos casos que nos hacen pensar que no estamos tan desarrollados como creemos.

No podemos olvidarnos del dios de la homofobia. Es un dios intolerante y violento que no permite la diversidad, como los talibanes y los fanáticos. Un dios que señala, apunta y dispara sin piedad. Ese dios no es el Dios de Jesús que supo acoger a todos con ternura y misericordia. El Papa Francisco ha dicho que en la Iglesia caben todos, todos, todos. Así, repetido, por si alguien no se entera.

9
El temor de Dios
o el temor a Dios

«La vida pende de un hilo,
de una decisión, de un silencio,
de una mirada entre destellos de asombro»
(Miguel Ángel Mesa Bouzas)

El temor de Dios es un don del Espíritu Santo que no siempre entendemos bien. ¿Temer a Dios, que es nuestro padre, no es una contradicción? El santo temor de Dios ha sido, desde siempre, una virtud esencial en la vida del creyente. Es un don del Espíritu Santo, no es, pues, cualquier cosa. No es un miedo asociado al pánico sino a la confianza en la mano de Dios y en el reconocimiento de su grandeza.

Nuestro Dios es un Dios grande, el Creador de cuanto existe y, por ello, nos desborda, es sublime y no lo abarcamos. Temer a Dios es, en el fondo, tener miedo a ofenderle, a romper nuestra relación filial con Él. Miedo a perder ese infinito amor que nos regala a cambio de nada.

El Espíritu Santo nos ayuda e ilumina el camino para que cuidemos este don tan valioso para nosotros. Un alma sensible teme ofender a Dios y separarse de Él, este es su temor. Esta actitud nos acerca a sentir la santidad llena de transcendencia de Dios. No se teme a Dios sino a perder su amistad, porque nada más valioso podemos perder.

Cuando intuimos la grandeza de Dios, desde una actitud humilde y sencilla, se abre en nosotros un panorama inmenso de sensaciones que van desde la adoración a la alabanza pasando por una inmensa gratitud. ¿Pero puede conciliarse el amor con el temor? Si partimos de sabernos criaturas débiles y pequeñas, fáciles para el pecado, no hay contradicción alguna entre el amor y el temor cristiano. El hijo que ama a su padre siente un respeto profundo por él y teme alejarse de él. Ese temor es un santo temor, un temor reverente, nunca tenebroso o dañino. No es un temor que nos aleja de Él, sino que nos acerca porque deseamos su cercanía y su presencia sin perder su respeto.

Cuando nos acercamos a Dios en la oración, nuestra alma queda sobrecogida y anonadada ante su poder y misericordia, nos sentimos pequeñas criaturas a su lado, nos parece que no le rendimos la suficiente veneración que merece. Eso es santo temor de Dios. Recordamos cómo el publicano no se atrevía a levantar la mirada mientras decía, golpeándose el pecho: «Ten piedad de mí que soy un pecador» (Lc 9,14). Y esa misma actitud de temor de Dios la han tenido todos los grandes orantes. No olvidamos a Moisés que se descalzaba cuando pisaba tierra sagrada (Éx 3,5), o Isaías que se sentía hombre de labios impuros (Is 6,5), o la Virgen María frente al saludo del ángel Gabriel (Lc 1,29-38).

La calidad de nuestro temor de Dios dependerá de cómo vivimos las actitudes cristianas de la reverencia, la oración confiada, la gratitud permanente, la aceptación de su voluntad en nosotros. Nuestro temor de Dios está en relación con la autenticidad de nuestra fe y nuestro compromiso cristiano. Una persona cristiana de verdad siente el libre deseo de que su alma se postre ante su Dios y le adore sin fin, desde el santo temor de su pequeñez. Un alma así se deja modelar por Dios, se siente vasija de arcilla en sus manos. El santo temor de Dios está relacionado con un deseo profundo de santidad. Solo así seremos capaces de contemplar, saborear y celebrar en nosotros la grandeza de Dios en su pequeñez. «Porque el Verbo se hizo carne y habitó entre nosotros» (Jn 1,14).

10
Pagar justos por pecadores

En la primera carta de Pedro, capítulo 3, leemos: «Cristo sufrió su pasión, de una vez para siempre, por los pecados, el justo por los injustos, para conducirnos a Dios». No es infrecuente que unos paguen las culpas que otros han cometido. La expresión máxima la encontramos en Jesús. Así se afirma también en la carta primera a los Corintios, en su capítulo 15: «Porque primeramente os he enseñado lo que asimismo recibí: que Cristo murió por nuestros pecados, conforme a las Escrituras; y que fue sepultado, y que resucitó al tercer día, conforme a las Escrituras».

Esto de pagar justos por pecadores ha sido una realidad, y lo sigue siendo, en la vida de la sociedad y de la Iglesia. Lo vemos cada día cuando nos enteramos de misioneros asesinados en distintas partes del mundo. La religión cristiana es perseguida de manera especial. Cuanto más vive y predica el amor, más atrae el odio de los fanáticos. No parece correcto que unos inocentes paguen la culpa de otros creyentes a manos de los fanáticos.

Todo aquel que ama de corazón a su Iglesia no la lastima con la incoherencia y el crimen abominable de la pederastia. Estas incoherencias son latigazos que se infligen a la propia Iglesia y esta ha de ser implacable con ellos. «Al que escandalice a uno de estos pequeños que creen en mí, más le vale que le cuelguen al cuello una de esas piedras de molino que mueven los asnos, y le hundan en lo profundo del mar» (Mt 18,6).

En la Sagrada Escritura aparecen varios textos donde se habla de pagar justos por pecadores. Uno de los primeros relatos es el de Sodoma y Gomorra, dos ciudades que fueron destruidas por el enfado de Dios, debido a la maldad de sus habitantes. Sin embargo, también nos habla de cómo Lot y su familia fueron librados de este castigo, porque Dios no castiga a los inocentes ni hace pagar a los justos por los pecadores. «El alma que peque, ésa morirá, el hijo no llevará la culpa del padre ni el padre cargará con la culpa del hijo; la justicia del justo será sobre él y la injusticia del impío será sobre él», dice el libro del profeta Ezequiel. Es decir que cada uno es responsable de sus propias acciones y no cargará sobre sí los pecados de otros. Por tanto, ante los ojos de Dios, los justos no pagarán por los pecadores, sino que cada uno recibirá según sus obras.

II
El chivo expiatorio

En la historia encontramos cientos de situaciones donde funciona lo del chivo expiatorio. Siempre ha sido así. Cuentan que hicieron responsable del gran incendio de Chicago de 1871 a una vaca.

Quien habló por primera vez del chivo expiatorio fue el protestante ingles William Tyndale en la traducción que hizo del Pentateuco en 1530. Estaba descifrando descripciones hebreas de la fiesta del Yom Kippur en el libro del Levítico, donde se habla de una cabra que se sortea. El sumo sacerdote ponía sus manos sobre la cabeza del macho cabrío y confesaba los pecados del pueblo para pasárselos así al animal, que era inmediatamente abandonado en el desierto para que de esa forma los pecados de Israel se fueran con el chivo y quedaran abandonados en el desierto y eliminados. Con el chivo expiatorio muerto, portador de los pecados, se borraban las culpas del pueblo. Era otra modalidad de sacrificio.

Con el tiempo esta expresión del «chivo expiatorio» se ha utilizado metafóricamente para referirnos a quien carga con la culpa de otros. No faltan chivos expiatorios en nuestro entorno que cargan con las culpas ajenas.

Pagan sobre todo los pobres los caprichos de los pudientes, y los países más subdesarrollados los lujos de los del primer mundo y su abundancia escandalosa.

Hoy los chivos expiatorios de nuestra sociedad son los no nacidos. Su muerte, disfrazada de legal, oculta los verdaderos motivos de comodidad y de bien vivir que hay detrás; una ambición desmedida de placer y buena vida. Crece la mentalidad social de que tener un hijo es un problema más que una bendición. Y así estamos viviendo un invierno demográfico muy preocupante porque nuestro estado de bienestar se irá resquebrajando paulatinamente. Pero no solo es grave por eso, sino, sobre todo, porque se tiene en muy baja estima la vida humana. Hay una mentalidad creciente a la hora de proteger a los animales, cosa muy loable, pero no de proteger a la especie humana. En las familias hay ya más macotas que niños y esto va en contra de nuestra propia civilización. Los niños son los chivos expiatorios de nuestro estilo hedonista de vida en el que nos hemos embarcado. El aborto se está blindando como un derecho como si alguien tuviera derecho a matar.

12
¿Mártir o kamikaze?

«Sé fuerte y generoso en este mundo,
el dolor más atroz, el más profundo
lo llevan en el alma los que hieren.
Defiéndete si puedes, burla, esquiva,
pero si no te queda alternativa,
tú no mates, sé de los que mueren»

(Laura Capmany)

Ningún mártir puede llamarse kamikaze y ningún kamikaze puede llamarse mártir. Un mártir da la vida por la fe y por sus hermanos, muere para dar vida, un kamikaze muere matando, se entrega a la muerte para quitar vidas que no comulgan con su idea fanática de Dios. Resulta admirable la disponibilidad de los mártires para defender la fe. «Nadie tiene amor más grande que dar la vida por sus amigos» (Jn 15,12-17).

Ser mártir en cristiano es dar la vida por Jesucristo, así de simple y de complicado. Y hacerlo desde la libertad y amando mucho la vida. «Nadie me quita la vida, yo la entrego libremente» (Jn 10,18). Ser mártir cristiano tiene unas características peculiares que no tienen los kamikazes fanáticos de otras religiones. El mártir cristiano acepta el martirio para ser testigo de Jesús con el derramamiento de su sangre si es necesario. No da la vida porque sí, ni por unas ideas, ni siquiera por una religión, mucho menos por una institución como podía ser la Iglesia, ni por una guerra santa. El mártir sabe que su entrega de la vida es por una persona a quien ama sin medida y en quien ha puesto su fe y su destino: Jesucristo.

No es una apuesta fácil, es muy dura y difícil, es altamente heroica. No busca ser un héroe, ni una persona reconocida por su entrega, ni expresar el fanatismo ante una religión o ideología. Es morir a uno mismo para que brille con luz propia Jesucristo, a quien ama y a quien ha consagrado su vida. Por eso, no podemos entender el martirio cristiano sin hacer referencia a la Pascua. Jesús se entregó por nosotros para darnos vida en abundancia. Jesucristo fue el primer mártir de la fe en la historia de la humanidad. Murió para dar vida, sin embargo, los kamikazes mueren matando.

El mártir cristiano es un imitador de su Señor y por eso muere perdonando a sus verdugos como hizo Jesús. El mártir cristiano no es un superhombre, porque el martirio no es un mérito que esa persona posee, sino un don, una gracia que ha recibido de lo alto. Un don para muy pocos privilegiados a quien Dios ama de manera especial. Como decía Tagore: «La vida es un don y solo la merecemos dándola».

Resulta muy edificante y admirable ver en las actas de los mártires cómo los cristianos se preparaban por si llegaba este momento al que no podían renunciar, porque era un privilegio del que no todos podían disfrutar. Resulta conmovedor leer el mensaje de san Ignacio de Antioquía pidiendo que no le libren de las garras de las fieras porque desea ser trigo limpio molido en nombre de Cristo. Es una realidad muy dura porque todos queremos vivir. Solo desde un amor desbordante, sublime, se puede entender esta actitud de desear alcanzar el martirio.

Un mártir no desea morir ni busca el martirio, pero no lo evita si llega la ocasión de ser testigo de su amor fundante y definitivo, Cristo. Antes morir que renegar de su amor. Cualquier cosa por testimoniar el nombre de Jesús. Lo contrario sería traicionar al mayor amor experimentado, que llena de sentido la vida. El martirio ha sido una de las constantes más firmes en la historia, que, lejos de amilanar a los cristianos, los ha hecho más fuertes en la fe. «Sangre de mártires, semilla de cristianos», decía san Ireneo.

Una de las páginas más gloriosas de la vida cristiana pasa por el martirio de los mejores hijos de la Iglesia. Cuanto más duras y difíciles eran las circunstancias externas y sociales, más mártires alcanzaban la palma de la gloria. Cuanto más crueles eran los perseguidores, más heroicos y fecundos han llegado a ser los mártires. Algunos han llegado a creer que persiguiendo y aplastando a los cristianos podían acabar con ellos, pero la historia nos demuestra más bien lo contrario. A grandes tiempos de persecuciones, grandes momentos de fecundidad para los cristianos.

Nadie ha podido nunca acallar la voz ni el testimonio cristiano y después de más de dos mil años siguen firmes y enhiestos como nunca, a pesar de la aparente invisibilidad. La falta de casos de mártires en occidente se ve compensada con la abundancia en otros lugares del mundo. Siguen proliferando, con otras apariencias, ideologías autoritarias contrarias a los valores de la fe e incluso actitudes de odio indisimulado a la fe. Para muchos, la idea de Dios es contraria a la realización y a la libertad del hombre y la mujer, como en los viejos tiempos rancios y arcaicos de los existencialistas. Y el reconocimiento a los mártires es un derecho que tiene la Iglesia porque son sus hijos, sus miembros más clarividentes, del mismo modo que los grupos sociales guardan memoria, hacen homenajes y hacen estatuas a sus fundadores y miembros más destacados, aunque no hayan destacado precisamente por sus valores humanos.

Los cristianos respetamos esas cosas, aunque quieran quitarnos a nosotros las cruces y otros monumentos relacionados con la fe cristiana. Nuestros mártires son nuestros modelos en la fe por su coherencia hasta la entrega de sus vidas. En el fondo, anunciamos con eso los valores humanos y religiosos que tanto bien han aportado a nuestra civilización: servir a la causa de la paz, el perdón y los derechos humanos de donde brota la identidad de la civilización occidental, aunque algunos se empeñen en no reconocerlo.

Es un gozo y una oportunidad festiva el reconocimiento y la festividad de estos mártires que pasarán a la memoria de la Iglesia y de los hombres y mujeres de buena voluntad. Frente al odio, el enfrentamiento y las guerras que asolan hoy el mundo, está el testimonio de los mártires que mueren perdonando y siendo testimonio del amor y del perdón, y pueden ser guía y modelos en nuestro caminar. Así mismo lo dice el prefacio de los mártires en la liturgia: «Tú nos ofreces el ejemplo de su vida, la ayuda de su intercesión y la participación en su destino, para que, animados por su presencia alentadora, a que luchemos sin desfallecer y alcancemos, como ellos, la corona de la gloria que no se marchita. Los mártires nos estimulan con su ejemplo en el camino de la vida y nos ayudan con su intercesión».

13
Acordarse de santa Bárbara cuando truena

«Tenemos dos vidas y la segunda comienza
cuando te das cuenta de que solo tienes una»
(Mario de Andrade)

En muchas ocasiones en que sentimos el zarpazo inevitable de la vida, de la injusticia o de la enfermedad, acudimos a Dios, a quien teníamos olvidado, como última instancia. No tanto por fe sino por necesidad. Hay veces en que somos capaces de poner una vela a Dios y otra al diablo. O bien cuando dejamos algo para última hora y nos sorprende la inminencia de la necesidad.

¿Y por qué santa Bárbara? La historia de esta santa es muy llamativa y sugerente. Parece ser que nació y vivió en el siglo XIII en Nicomedia, cerca del mar de Mármara. Su padre, Dióscoro, era un tirano y pagano, y al enterarse de que su hija se había convertido al cristianismo se enfureció y la encerró en la torre de un castillo. Quiso casarla por conveniencia, pero ella se negó, algo muy frecuente en las historias de santas de estos primeros tiempos de la vida cristiana, en medio de las frecuentes persecuciones. Todavía hoy la fe cristiana sigue siendo la más perseguida en el mundo. Ella se opuso a este casamiento aduciendo que estaba comprometida con Cristo, su esposo, a quien había consagrado su vida. Esto encendió aún más la ira de Dióscoro, que quiso matarla. Pero ella consiguió huir ante lo que veía inminente y Dióscoro la persiguió, la encontró y la martirizó a la vista de todos los presentes. Cuentan los hagiógrafos que la sujetó a un potro donde fue flagelada, desgarrada y quemada. El propio padre le cortó la cabeza en lo alto de una montaña y en ese momento un rayo lo alcanzó y le mató. Por esa tormenta que se vivió en el momento de su martirio, santa Bárbara es patrona de los artilleros europeos y de aquellas profesiones que están relacionadas con fuego y explosivos: mineros, bomberos, canteros, feriantes, electricistas. Es una santa muy popular.

14
Ofrecer sacrificios y hacer votos

«Me enamoré de la vida,
es la única que no me dejará
sin antes yo hacerlo»
(Pablo Neruda)

Los sacrificios han sido una constante en el Antiguo Testamento como expresión de la fidelidad y amor del pueblo elegido a su Dios. Hay muchos sacrificios célebres que todos recordamos en la historia sagrada. Pero el sacrificio por antonomasia que acaba con todos los sacrificios antiguos es el de Jesús, en la cruz, uno por todos.

Asimismo, había sacrificios por la falta que alguien cometía al violar alguna ley de Dios. Para estos sacrificios bastaba una cordera o un macho cabrío; si se tenían problemas económicos, era suficiente con dos palomos; y si ni aún esto era posible, se costeaba la culpa con la décima parte de una efa de flor de harina.

Había también sacrificios de agradecimiento por haber recibido el perdón de la culpa. El sacrificio más representativo por la paz y la gratitud por el perdón de los pecados es el de Jesús en la cruz. «Éramos enemigos y fuimos reconciliados por la muerte de su Hijo, mucho más estando reconciliados, seremos salvados por su vida» (Rom 5,10).

Los sacrificios de libación se hacían con una cuarta parte de un *hin* «jarra» de vino. «Su libación será de vino, la cuarta parte de un *hin*» (Lv 23,13). *Hin,* palabra traída de Egipto, era una vasija de unos cuatro litros.

Estas diversas ofrendas podían ser encendidas, mecidas o elevadas. «Su ofrenda será de dos décimas de flor de harina, amasada con aceite» (Lv 23,27). «La primera gavilla se la llevaréis al sacerdote. Este la agitará ritualmente en presencia del Señor, para que os sea aceptada; la agitará el sacerdote el día siguiente al sábado» (Lv 23,11). «De todas estas oblaciones se ofrecerá una en tributo al Señor. Ella le pertenece al sacerdote que roció con la sangre de la víctima» (Lv 7,14). El holocausto pretendía ascender hasta Dios con el humo, por eso se quemaban los animales. El aroma del holocausto subía hasta Dios para aplacar su ira por las faltas cometidas por una persona o por la comunidad. Había también ofrendas de grano, que consistían en quemar harina, incienso o aceite. Podían unirse otras ofrendas.

Es una espiritualidad ancestral, asociada a la naturaleza, a los frutos y a la tierra. Curiosamente, una espiritualidad que también se encuentran los primeros españoles que llegan a América. Allí había sacrificios humanos, algo que destierran de inmediato los primeros misioneros y conquistadores, escandalizados por estos rituales, que chirriaban con la fe cristiana.

Los españoles quedaron horrorizados al ver los sacrificios humanos que los indígenas ofrecían a sus dioses en tiempos precolombinos. Era una práctica extendida por toda Mesoamérica que los españoles prohibieron enseguida, influidos por su fe cristiana y convencidos de que eran fruto de la barbarie primitiva. Con esos sacrificios se pretendía apaciguar la ira de los dioses, pedir agua en tiempos de sequía o enfermedades, así como obtener algún favor frente a un enemigo. En esos sacrificios se extraía el corazón a las víctimas escogidas, normalmente mujeres o niños, o bien se las decapitaba o, en otros casos, se las despeñaba.

En el Antiguo Testamento hacer sacrificios era una señal de reconocimiento del poder de Dios. Por eso se dice en el Nuevo Testamento: «Ante el nombre de Jesús, toda rodilla se doble, en el cielo, la tierra y el abismo; y toda lengua confiese para gloria de Dios Padre» (Flp 2,10-11). El sacrificio de Abraham en el Antiguo Testamento es uno de los más significativos de la historia sagrada. Dios le pide a Abraham que sacrifique a su propio hijo para probar su obediencia.

En la actualidad, el sacrificio más referencial con los antiguos sacrificios de obediencia a Dios es hacer votos: pobreza, castidad, obediencia, virginidad. Sacrificios que se hacen en virtud de conseguir un bien mayor. La persona se ofrece en holocausto y hace de su ofrenda la entrega mayor: la de sí mismo. Se renuncia a todo para comprar el campo donde hay un tesoro escondido y se compra ese campo: la consagración. «Por los votos», dice el Concilio Vaticano II, «o por otros sagrados vínculos análogos a ellos a su manera, se obliga el fiel cristiano a la práctica de los tres consejos evangélicos antes citados, entregándose totalmente al servicio de Dios, sumamente amado, en una entrega que crea en él una especial relación con el servicio y la gloria de Dios». No es, pues, un desperdicio como piensan algunos, sino una inversión que a las personas consagradas las compensa con creces.

La mirada de Dios no es como la mirada de los hombres. Por eso encontramos muchas personas, muy preparadas y con muchos talentos en lo humano, que son capaces de hacer esas fuertes renuncias, convencidas de que al final salen ganando. Y eso se les nota en disponibilidad y alegría. Nunca los votos serán valorados como una carga por las personas consagradas, sino como un don, una ganancia que les conduce a una mayor liberación evangélica. Dios nos quiere sencillos, limpios y generosos de todo corazón y que, desde estas actitudes, estemos dispuestos a buscarlo sinceramente. El verdadero sacrificio es este: compartir con otros lo que somos y tenemos, porque este es el sacrificio que agrada a Dios (Heb 13). Un deseo profundo de las personas consagradas es dedicarle tiempo a Dios, gozarse en su presencia. Tal vez desde esta mentalidad podamos entender un poco más lo que significa ser consagrados contemplativos.

15
Cuando nos traga la ballena

«Hay sueños que se asoman a las sombras
para despertar la luz»
(Rafael Sánchez Gálvez)

La ballena nos traga con excesiva frecuencia, aunque no somos conscientes de ello. Vivimos de manera serena y, de repente, cuando menos lo esperamos, nos sobreviene un tsunami de contrariedades que nos sumergen en la decepción, la duda, el miedo y la falta de fe. La vida puede cambiarnos en cuestión de minutos. Vivir y ser humanos no es otra cosa que estar abiertos a la novedad de lo imprevisible, conscientes de que en algunos instantes nos van a faltar las fuerzas necesarias para sobrellevar esta nueva situación.

Podemos imaginarnos a Jonás cuando sintió que una ballena se lo tragaba. Solo pensarlo nos aterra. Y, sin embargo, de manera simbólica esa fue la salvación de Jonás, lo que le permitió ser vomitado en la playa de Nínive. Cuando parecía que todo era imposible, se abrió la puerta de la esperanza. Hay muy pocas cosas imposibles para el ser humano a lo largo de la vida cuando nos revestimos de confianza en Dios y en nosotros mismos. Si repasamos las hazañas conseguidas por el ser humano en condiciones extremas nos quedaríamos asombrados. Los únicos enemigos de nuestros éxitos somos nosotros mismos cuando no nos ponemos en actitud positiva y de confianza. «Todo lo puedo en aquel que me conforta» (Flp 4,11-13) dirá san Pablo.

El famoso Libro Guinness recoge hazañas increíbles de personas especiales que nos han asombrado por su espíritu de lucha y superación. Por ejemplo, me impresionó el récord de un castellano-manchego, de Toledo, Christian López, que fue diagnosticado con diabetes a los doce años y ha logrado hacer como atleta la subida del Alcázar de Toledo durante veinticuatro horas seguidas. Justin Bieber ha batido un récord de caridad impresionante: es el primer artista que hace realidad 200 sueños a través de Fundación Make-A-Wish («Pide un deseo»). El cantante conoció a Annalysha, una niña de ocho años, que sufre una enfermedad hepática mortal. El cantante desde entonces bate récords de actuaciones y recaudaciones solidarias para estos niños.

Todo puede conseguir el ser humano que confía en sus posibilidades y se abandona en las manos de Dios. Jonás consiguió la conversión de Nínive porque oró y se puso manos a la obra en aquello que Dios le había confiado. Nada es imposible para Dios ni para el hombre y la mujer que en Él se confían. Cuando nos sentimos tragados y engullidos por las ballenas del mundo siempre nos queda la posibilidad de acudir a Él y abandonarnos en su providencia. Esta ha sido la filosofía de los santos y han conseguido grandes milagros.

16
Hacia donde la ballena nos lleve

«La duda es uno de los nombres de la inteligencia»
(Jorge Luis Borges)

Dejarme llevar ha sido siempre una de las constantes de mi vida y confieso que no me ha ido del todo mal. ¡Que la vida fluya! He confiado más bien poco en mis posibilidades, aunque siempre he percibido que Dios me ha dado muchos talentos por los que tendré que rendir cuentas algún día. Pero nunca he sido perezoso y no he enterrado, por miedo o inseguridad, mis denarios bajo tierra. ¡No, eso no! Siempre he sido un inquieto buscador y un imparable trabajador en aquello que se me ha confiado. Perder el tiempo siempre me ha parecido indecente. He confiado siempre en Dios y ahí radica el gozo de mi presente.

A estas alturas de mi vida, ya sexagenaria, pienso que podía haber hecho muchas más cosas útiles, pero también podía haber hecho muchas menos. Y haciendo recapitulación de mi vida, algo inevitable a mi edad, pienso que no ha estado del todo mal esta aventura de vivir y de hacerlo como lo he hecho. Si hubiera optado por otros caminos hoy sería un hombre con más éxito para el mundo porque no me han faltado oportunidades ni capacidades, pero no hubiera sido tan feliz como soy hoy. Y la vida si no es para ser feliz ¿para qué sirve?

Ahora me toca ir cerrando etapas y abriendo una nueva, la última, acompañada por mi experiencia y mi claridad en algunos temas que veo que muchos de mis contemporáneos no tienen tan claros. A mi alrededor percibo muchas prisas y muchos deseos de cosas, como si en ellas estuviera lo que vamos buscando, pero no. Cada vez que visito el cementerio, y lo hago muchas veces, veo a muchos triunfadores que no han podido traerse nada a la sepultura. ¿Para qué afanarse tanto entonces? Muchos de mis conocidos en este camposanto perdieron la salud por ganar mucho en la vida y después gastaron el dinero para recuperar una salud que no lograron recuperar. Y aquí están, en el silencio misterioso y en la profunda soledad que envuelve el cementerio. Pobres y ricos, todos iguales.

Yo, como Jonás, quiero dejarme llevar a donde Dios me lleve, siempre por sus caminos. He descubierto en mi caminar que no hay camino, por muy angosto y pedregoso que sea, que no se pueda caminar en compañía y esto ha sido un gran descubrimiento, tal vez decisivo para mí. Mi caminar, ya cansado, pero no rendido, ha estado acompañado, y lo sigue estando, de muchos nombres, de muchas historias como la mía o muy distintas de la mía, pero siempre a mi lado hasta el punto de poder sentir que mi historia no ha sido solo mía, sino nuestra. He conseguido pasar el puente angosto del yo al nosotros. Nada soy sin mis compañeros de viaje, incluidos aquellos que me han zancadilleado. Me han enseñado mucho. Y aunque los golpes de la vida me llevan a veces a querer retroceder al antiguo valle del yo, ya sé muy bien que allí solo me espera la soledad y el sinsentido.

Cuando conseguí salir de mí mismo quemé mis naves para no volver nunca más. Ahora siento que el mejor momento de mi vida, el mayor acontecimiento, ha sido, precisamente, estar vivo. Soy consciente de que he perdido muchas ramas, hojas, flores y frutos por el camino, pero no he perdido mis raíces y eso me da una inmensa seguridad ante los tiempos de inviernos y borrascas que se avecinan, que ya están aquí.

17
De cómo Dios siempre se sale con la suya

Jonás creía que escapándose a más de cuatro mil kilómetros del lugar donde Dios le había enviado podía librarse de esa responsabilidad. ¡Qué inocente! Para Dios no hay distancias ni razones suficientes para no hacer lo que Él nos ha encomendado. Podemos intentar engañarle y evadir nuestras responsabilidades, pero solo nos engañamos a nosotros mismos.

Tuve muchos compañeros en mis tiempos de seminarista. Algunos de ellos, ayudados económicamente por los sacerdotes porque aducían problemas económicos en sus familias, hoy son auténticos detractores del seminario, de los formadores y, lo que es peor aún, de la fe cristiana. Yo sé que hubo muchos fallos en aquellos tiempos de formación donde aún prevalecía la ley no escrita de que la letra con sangre entra, como ocurría también en nuestras propias familias. Pero me niego a sumarme a esa corriente que afirma que no hubo ningún valor positivo en nuestra formación. Yo encuentro muchos que me han enriquecido notablemente y me niego a morder la mano que me dio de comer. Otra cosa distinta es el crimen de la pedofilia tan frecuente en ámbito donde se trabaja o se convive con niños. Esto es algo inaceptable que debe ser castigado con toda la fuerza de la ley, a quien los comete y a quien los oculta.

En mi camino vocacional no ha habido muchos momentos de grandes dudas, aunque sí tiempos de dificultades muy duras que han puesto en peligro mi camino vocacional. Momentos de loca juventud en medio de tierras movedizas. Momentos de crisis a causa de envidias y zancadillas de los más cercanos. Momentos de cruel enfermedad que me han dejado descolocado y sin fuerzas... Hay veces que Dios me ha puesto a prueba sin soltarme del todo de la mano, sin abandonarme. Siempre se sale con la suya. Así ha sido siempre y sospecho que así seguirá siendo. Si se tratara de un amigo le llamaría puñetero y caprichoso.

Y esto que me ha sucedido a mí les ha sucedido a muchos de mis compañeros. Así le sucedió a la mayoría de los profetas: pasaron por un tiempo de resistencia, pero acabaron cediendo a lo que Dios les pedía y lo hicieron con toda libertad. Porque Dios nunca se impone, pero siempre se propone. Pasa el tiempo y uno acaba descubriendo que fue un acierto que Dios se empeñara. Lo mejor que ha podido pasarnos.

18
Coger fruta de los árboles que no hemos sembrado

«Todos estamos en el mismo fango,
pero algunos miramos a las estrellas»
(Oscar Wilde)

En mis viajes América siempre me impresionó el fenómeno de las plantas que viven a costa de otras. Hermosos árboles donde viven colgadas de sus ramas otras plantas curiosas, sobre todo en Brasil y en Santo Domingo. Muy curioso. Igualmente me ha impresionado y me ha molestado que haya personas que viven a costa de los demás, como las plantas epífitas y los líquenes. A todos nos encanta coger frutos de los árboles que no hemos sembrado.

Siendo niño, me iba muchas tardes en el verano con los amigos a bañarnos en las albercas de los huertos de mi pueblo, siempre a escondidas del dueño. Y no faltaban unas viñas cercanas para ir a coger algunas uvas para comerlas con los amigos o algunos árboles frutales para coger sus frutos, sobre todo higos en las higueras que normalmente sombreaban las albercas y el pozo con su maroma y sus cangilones. Pero era un secreto entre los amigos, algo que no podíamos comentar en nuestras casas porque nuestros padres nos hubieran llamado al orden enseguida. Éramos furtivos ingenuos y confidentes. Nada importante realmente. ¿Cuánto podíamos comer unos jovencitos adolescentes? Alguno de mis amigos siempre decía: «Lo que se coge para comer no es pecado ni falta grave». Pero, por si acaso, teníamos cuidado de que no nos viera nadie, no tanto por nuestra culpabilidad sino por miedo a que llegara la noticia a nuestros padres.

Nada tan desagradable como una persona parásita, siempre viviendo a costa de otros. Y hay más de las que parece, en la vida y en la Iglesia. Las plantas epífitas, aunque viven y se alimentan de otras, se diferencian de las parásitas en que no hace daño a la planta a la que están asociadas. Las parásitas sí hacen daño a sus plantas o árboles hospedadores. Unas de las plantas más dañinas de los hospedadores son las trepadoras. Arrancan las raíces al huésped y le van arrebatando el aire y la luz.

Vendría aquí un largo debate sobre las personas trepadoras en la vida y en la Iglesia, que cogen el fruto del árbol de la Iglesia sin haberlo sembrado. Un mal que el Papa Francisco ha denunciado con mucha frecuencia porque el daño que hacen es irreparable. Son como líquenes, alga y hongo asociados, creciendo en el tronco del árbol de la Iglesia. Se aprovechan de las estructuras de la Iglesia, de su prestigio, de sus posibilidades, para crecer ellos mismos sin procurar que crezca la Iglesia y avance la evangelización. Este vicio está presente entre los más altos dignatarios eclesiales y en los estadios más bajos. Esta ambición es causa de grandes escándalos y de una falta de coherencia que produce divisiones y sufrimientos en el Pueblo de Dios.

Confieso que he tenido la suerte de sufrir un tumor cerebral que me ha dejado humanamente muy limitado. Mi juventud fue una carrera fulgurante hacia el éxito humano. Hay quienes me situaban en poco tiempo en cargos importantes, más aún de los que ya he tenido. Pero Dios me ha cuidado mucho y ahora no deseo, tal vez porque no tengo posibilidades humanas reales, ningún cargo destacado ni grandes responsabilidades. Si no puedo hacer dignamente mis obligaciones esenciales, ¿cómo voy a pensar en grandezas que superan mi capacidad? Es una cierta liberación no aspirar a nada más de lo que tengo. Esto me da una gran paz y serenidad y me hace dormirme enseguida apenas acabo –y a veces sin acabar– mis oraciones. Estoy aprendiendo a colaborar en la medida de mis posibilidades, sin protagonismos y siempre en segunda fila.

19
Esto del amor es complicado y sublime

«Aunque estés lejos, de mí a tu cuerpo siempre habrá la distancia de un abrazo»

(Rafa Sánchez Gálvez)

Teóricamente, el amor no tiene por qué ser complicado, pero lo es porque nosotros lo somos. Cuando amamos y somos correspondidos todo nos parece que tiene color de rosa, pero cuando amamos y no somos correspondidos las cosas pueden ser más complicadas. Es aquí donde entra en juego la grandeza del amor cristiano porque está dispuesto a amar sin recompensas. El amor cristiano ama a cambio de nada, en total gratuidad. No, el amor no puede ser complicado si es auténtico y desinteresado. Un amor auténtico roza lo sublime, porque es la máxima expresión del amor humano y del amor divino. El amor tiene una dimensión sagrada ineludible. Hace posible que toda la vida se llene de sentido en su ser y su quehacer. Todo resulta más sencillo y placentero cuando abunda el amor. Crece la energía, el optimismo, la felicidad, todo se llena de buenas vibraciones y la vida desborda de alicientes que la hacen más dichosa. Cuanto más sano es el amor, más simple y sencillo es.

Las relaciones complicadas son fruto de relaciones complejas, tensas, exigentes, interesadas. No es bueno confundir una relación llevadera con el amor. Para que haya amor tiene que haber un plus de entrega y capacidad de sacrificio. No confundamos el amor con una relación cualquiera. Si en una relación hay tensiones y complicaciones no deseadas, tal vez no estemos ante la persona adecuada. Las personas tóxicas necesitan ser amadas, pero no es bueno dejar que formen parte de nuestro mundo de relaciones afectivas profundas porque terminan por hacernos tóxicos también a nosotros.

Haciendo memoria de mi vida, tengo que decir que he vivido relaciones afectivas muy intensas y hermosas que han hecho posible, en gran parte, que haya sido bastante feliz. Nunca se es feliz del todo, pero hay momentos en que podemos tocar y saber lo que es la felicidad y siempre ha sido cuando he sido habitado por el amor desinteresado y compasivo. A medida que he ido creciendo en la vida y logrando una cierta madurez que confieren los años y las buenas relaciones, he sentido que todo se cimienta en el amor cristiano. Según va pasando la vida, el amor se convierte en el humus necesario para ser feliz. Ya no importa el dinero o los éxitos logrados sino la estabilidad emocional y afectiva que te hace sentir cada mañana que estás vivo y que merece la pena vivir por encima de todo. Superar los sesenta años de edad no es un impedimento para el amor, sino una catapulta que te lanza a amar porque ya parece que hemos entendido un poco más el misterio de la vida, que no es otro que vivir serenamente.

Es verdad que hay también experiencias de amor muy decepcionantes y hasta traumáticas, pero, lejos de impedirnos progresar y vivir con sentido, nos ayudan a saber lo que no nos conviene en nuestra vida, son lecciones de la vida para la vida. Por eso decía que esto del amor es complicado y sublime. Tan complicado como somos nosotros y tan sublime como podemos serlo. El desamor es, sin duda, la experiencia más traumática y dolorosa de la vida. El desamor es mucho más traumático que la muerte. La cicatriz del desamor no se cura con cualquier medicina, sino solamente con sobredosis de amor que cure la baja autoestima que produce la escasez de amor. Los fracasos en el amor no pueden conducirnos a tirar la toalla en las cuestiones amorosas, sino más bien a rearmarnos de nuevo para amar y ser amados, porque es la única manera de superar las barreras que nos autoimponemos.

Sin confianza en nosotros mismos la recuperación del amor es mucho más difícil. No hay herida que no pueda cicatrizar, aunque deje marca en la piel. La dificultad mayor para el amor la ponemos nosotros mismos cuando nos cerramos a la novedad de Dios y dejamos a un lado la dimensión divina de nuestro proyecto vital. Nuestros mayores enemigos somos nosotros mismos. El amor no cae del cielo, aunque tiene mucho de celeste, sino que hemos sido convocados a salir en su busca. Es un don que necesita de nuestra actitud y nuestra búsqueda. Hemos de trabajar, por ejemplo, en la madurez de ese amor para que no sea infantil, celoso, exigente, o egoísta. Lo peor que puede pasarnos es dejar de creer en el amor.

Tengo un amigo, un buen amigo, que me desanima con sus consejos todos los días por ser generoso y solidario con todos, porque piensa que mucha gente me engaña por ser como soy. Y es verdad que alguno me ha engañado, pero no quiero dejar de creer en el amor y en ser como soy porque así soy feliz, aunque me engañen. Y mi amigo se enfada. «¡Que no, que tienes que ser más astuto, por ser bueno acabas siendo tonto!». Y yo veo que aquel que me engaña a quien se engaña es a sí mismo, porque a mí no me engaña cuando creo que yo hago lo que debo hacer. En fin, a veces no es fácil ser bueno, pero yo tengo un modelo en mi vida, que es el mismo Jesucristo, y la convicción profunda de que al final de la vida solo me examinarán del amor.

No tengo ninguna prisa por alcanzar mi destino, lo que deseo es que cada paso que dé vaya en la dirección adecuada y no pierda el valioso tiempo del que dispongo, dando pasos hacia atrás. Que el amor sea o no complicado es algo que no me preocupa, lo que me preocupa es amar. El amor es algo sublime y, solo por eso, merece la pena mi lucha.

20
Ofelia, la mujer escrupulosa

«Para vivir solo es preciso el deseo ardiente de vivir.
Vivir cuidando y dejándonos cuidar.
Vivir para sentir en profundidad el aliento de la vida»
(Miguel Ángel Mesa Bouzas)

Ofelia es una mujer a la que he conocido muy bien y también ha sido tragada por la ballena, como Jonás. La primera vez que se acercó a confesarse conmigo ya noté que algo estaba fallando en ella. Tiene más de 80 años y está obsesionada con la posibilidad de quedarse embarazada. Le he dicho mil veces que eso no es posible, que va contra todas las leyes naturales y que nunca se ha dado un caso así, pero ella no entiende, o no quiere entender, estos argumentos. La he mandado al psiquiatra, que le ha dicho lo mismo que yo y que muchos otros sacerdotes a los que se ha acercado, pero dice que el psiquiatra no entiende de pecado ni de las cosas de Dios y que solo un sacerdote puede devolverle la paz.

No se atreve a comulgar –es una mujer muy religiosa– por miedo a estar en pecado, ni siquiera después de haber recibido la absolución. Lo peor de todo es el sufrimiento que esto le acarrea. Somatiza este sufrimiento y siempre tiene dolores terribles que solo se apaciguan con la absolución. ¿Qué hacer? ¿Cómo hacerle ver que no hay materia de confesión en sus escrúpulos? En algún momento me he negado a darle la absolución porque no he encontrado materia de confesión sino solo escrúpulos infundados, pero esto ha supuesto una tortura tan grande que ya no me atrevo a negarle la absolución. La última vez que me negué me llamó aterrorizada por la mañana para decirme que estaba condenada al infierno y que no había dormido en toda la noche. Tuve que acercarme a su casa a escucharla y a serenarla un poco porque su angustia era terrible. Y solo lo conseguí cuando recibió la absolución por sus pecados que no son tales sino escrúpulos.

He probado ya de todo para hacerle ver su enfermedad, pero nada resulta efectivo. Le he dado discursos enteros para hacerle entender que lo suyo es algo subjetivo e irreal y por tanto no es pecado; le he negado en varias ocasiones la absolución y ha entrado casi en un estado de ansiedad; la he mandado al psiquiatra muchas veces y solo en esto me hace caso. Va al psiquiatra y me temo que se siente tan impotente como yo porque siempre acaba diciéndole que lo que el sacerdote le ha dicho es lo correcto. Este es su diagnóstico, que le cuesta bien caro.

Una medicación excesiva cuando ya se ve muy alterada la deja sin fuerza y con sueño permanente. Le quita la vida. ¿Qué se puede hacer por ella? Me inquieta el sufrimiento terrible de esta mujer, pero no tengo los recursos suficientes para poder ayudarla y me cuesta, a la vez, abandonarla como si no me importara su problema. Por eso, en muchas ocasiones en que me llama por teléfono, angustiada, me olvido de mis teorías racionales y teológicas, y me acerco hasta su casa para ofrecerle un poco de consuelo, aunque sea a costa de la absolución. Acabo renunciando a mis convicciones, porque veo que Ofelia es otra tesela desprendida del mosaico de Dios que está abandonada en el vientre de la ballena.

21
La muerte, ¡ay la muerte!

«La vida es un lienzo en blanco,
y debes lanzar sobre él toda la pintura que puedas»

(Danny Kane)

Esta mañana me he despertado con la noticia de la muerte de mi amigo más querido de la infancia, Blas. Sabía que estaba enfermo, con un tumor cerebral, pero no imaginaba que la muerte nos lo arrebataría tan de repente.

Nunca esperamos a la muerte, aunque sabemos que está agazapa en los ribazos de nuestra vida como un ladrón que espera el momento más oportuno para entrar a nuestra casa. Pero aun sabiendo esto, la muerte siempre nos sobrecoge y nos descoloca. Con la muerte de Blas se van también muchos de los mejores recuerdos de la infancia que he compartido con él. En la escuela del pueblo éramos uña y carne, para lo bueno y para lo malo. Y, de repente, he sentido que algo fallaba bajo mis pies. He pensado largamente en su esposa y en sus dos hijos y siento que Dios tiene que explicarnos algún día estas cosas que no logramos entender.

Mi amigo Blas era una gran persona incapaz de hacer daño a nadie y ya no está entre nosotros, aunque intuyo que siempre va a estar conmigo, de alguna manera, en mi recuerdo y en mi oración. Y quien permanece en el recuerdo afectivo y en la memoria agradecida nunca puede morir del todo. Me siento ahora como el rey David cuando se fue a llorar por su hijo Absalón al cuarto que había sobre la entrada de Mahanaim e iba diciendo mientras subía: ¡Absalón, hijo mío, Absalón! ¡Cómo quisiera yo haber muerto en tu lugar! (2Sam18,33).

La muerte de Blas ha sido para mí como cerrar un capítulo pasado de mi vida y abrir otro donde ya no estará mi buen amigo. Sé que ya no puedo vivir más tiempo del que he vivido porque los años van pasando y nosotros con ellos. Ya comienzo a notar las debilidades de una edad que va avanzando. Pero no por eso me resigno a vivir con poca calidad o con menor sentido. Cada paso y cada instante de mi vida deseo que sean fecundos y plenos y para eso necesito estar más cerca de Dios, como un peregrino que sabe que le queda ya muy poco para llegar a su santuario con el que ha soñado y por el que ha dado miles de pasos. Al fin y al cabo, la muerte solo es un instante, a modo de suspiro, que nos abrirá una puerta a lo infinito y nos aclarará por fin, esa curiosidad innata que nos ha acompañado toda la vida: ¿Hacia dónde vamos? ¡No puedo ni imaginarme lo que será poder contemplar algún día la belleza de Dios!

No tengo miedo a la muerte, tengo miedo a una vida descafeinada, sin pena ni gloria, que no me permita dejar detrás de mí un pequeño poso de amor y bondad que haga mejor este mundo para los que vienen detrás. Yo no estaré, pero algo de mí quedará si alguien me recuerda por un pequeño gesto de bondad.

22
Cuando la vida se vuelve Vida

«Donde hay una señal, un principio de vida,
futuro y esperanza, descubrimos la senda
que estamos llamados a seguir»
(Miguel Ángel Mesa Bouzas)

Estaba en el despacho parroquial cuando llegaron dos mujeres y un joven, con aires de preocupación, para decirme:

–Padre, tenemos en casa a nuestro padre muy enfermo; somos una familia de médicos y creemos que su muerte está cercana. Somos creyentes y mi padre nos ha educado en la fe desde niños y desearíamos que recibiera la unción de enfermos ahora que todavía está consciente.

Dejé todas mis tareas y acompañé de inmediato a estas mujeres y al joven, que era nieto del enfermo, para celebrar el sacramento de la unción. Cuando llegué a la casa y me presentaron al anciano como el párroco, el enfermo dijo serenamente:

–Si el párroco ha venido a verme para la unción, quiere decir que mi situación es crítica, hay que prepararse entonces para este momento.

Llamó a sus hijos y nietos, que rodearon su cama, y les dijo lleno de serenidad y lucidez.

–Mis queridos hijos y nietos: parece que ha llegado el momento de la despedida y quiero deciros que estoy tranquilo y feliz. Dios me ha concedido una larga vida, una esposa maravillosa y unos hijos y nietos a los que adoro. He vivido una vida muy completa y rodeado de vuestro cariño ¿qué más puedo pedir en el momento del adiós? Solamente dar gracias a Dios por estos años tan dichosos, por vosotros y por mamá que me aguarda en el cielo, y pedir perdón por todos mis pecados antes de presentarme en la presencia de Dios. Yo sabía que este momento llegaría porque mi edad es ya muy avanzada, y parece que ese momento está ya aquí. No estéis tristes más allá de lo normal. Yo me voy ya, pero os espero con mamá en el cielo junto a nuestro Dios.

En ese instante la familia abandonó la habitación y me dejó solo con el anciano. Nunca olvidaré una confesión tan hermosa por sencilla y por sincera. Yo iba dispuesto a animarle en ese tránsito difícil y oscuro de la vida, pero fue él quien me dio ánimo a mí y me edificó con su madurez humana y cristiana.

A los tres días murió. Os confieso que morir así, con tanta dignidad, tanta fe y con el cariño de su familia rodeando su cama, me pareció un don precioso. Da gustó morirse así. Pero es verdad que no todas las personas mueren con esta paz y madurez. El misterio del dolor y de la muerte nos deja siempre descolocados y maltrechos. No entendemos. Es el gran misterio de la vida que siempre ha acompañado a las personas. Y pensé en aquel momento que ese hombre acababa de ser vomitado por el cetáceo de Jonás en la playa dorada de Nínive, junto a su esposa.

23
El óbolo de la viuda

«Donde reina el amor, sobran las leyes»
(Platón)

El evangelio está lleno de verdad y bondad en la misma medida. A mí su lectura me relaja, me anima y me inyecta una fuerza extraordinaria. Os invito a hacer la prueba cuando os sintáis estresados o angustiados, leed el evangelio de san Marcos, que es mi preferido, y veréis que es mucho mejor que el Lorazepam o cualquier ansiolítico. ¿Nunca lo habéis probado? Aún estáis a tiempo.

Y otra experiencia que me ha transformado por dentro han sido mis visitas a Tierra Santa. No en vano dicen que Tierra Santa es el quinto evangelio. Yo lo aseguro. Quien tenga la oportunidad de vivir esta experiencia que no lo deje porque será algo inolvidable. Así como los musulmanes tienen la promesa de ir una vez en la vida a la Meca, los cristianos deberíamos ir una vez en la vida, al menos, a Tierra Santa. En Belén uno siente que si Dios se hizo hombre entre nosotros es un orgullo ser hombre.

El comienzo del evangelio de Marcos es ya una premonición de la belleza que nos espera: «Voz que clama en el desierto. Preparad el camino del Señor, enderezad sus sendas» (Mc 1,3) y si nos adentramos en el capítulo 12 nos vamos a encontrar con un relato increíblemente hermoso y real: el óbolo de la viuda. Un relato que yo mismo he vivido en mi propia experiencia y que me ha hecho pensar cuánta verdad hay en el evangelio.

Había organizado un mercadillo solidario para colaborar con mi amigo y hermano, el P. Tomás, misionero, paisano y antiguo alumno mío, para ayudar a los niños limpiabotas y apoyar la obra impresionante de solidaridad que él ha montado allí y que yo he visto con mis propios ojos. El P. Tomás es mercedario y allí ha hecho realidad, más allá de las palabras hermosas, una obra redentora y liberadora, que muchos admiran y no pocos apoyan. Es el carisma de la Merced hecho carne.

Cuando ya había pasado el mercadillo vino hasta mi casa una mujer ya mayor, casada y con su marido enfermo, que yo sé que tiene muy pocas posibilidades económicas, y me dijo: «Yo no he podido bajar al mercadillo porque mis piernas están muy débiles ya, pero quiero colaborar con la obra misionera del P. Tomás». Y sacando un monedero de su faltriquera me dio cincuenta céntimos de euro. No lo podía creer, pensé de inmediato en la viuda del evangelio porque esta mujer estaba dando esos cincuenta céntimos de lo que ella necesitaba. Se lo agradecí de corazón y le regalé una hermosa cruz llamada cruz de los abrazos que el P. Tomás había traído para los colaboradores y que ha entregado al Papa Francisco en mi presencia. Ella lo agradeció sobremanera la besó y se fue muy satisfecha. Pensé entonces que la escena del óbolo de la viuda volvía a repetirse una vez más, ahora no en el templo de Jerusalén sino en mi propia casa.

Días más tarde se lo conté a una amiga mía de Madrid, una mujer de gran corazón y me dijo: «Te voy a mandar cincuenta euros y se los das a esa señora porque me ha enternecido el corazón». Y así lo hice. La mujer no sabía qué decirme cuando le di los cincuenta euros de aquella señora anónima y le expliqué el motivo de aquel gesto. Tomó los cincuenta euros con sus ojos vidriosos y se marchó. Es verdad que los pobres nos evangelizan.

24
El mundo en el que malvivimos

«Elige un trabajo que te apasione
y no volverás a trabajar
ni un solo día de tu vida»

(Confucio)

Estoy en este momento en el aeropuerto de Barajas, con destino a San Antonio, Texas. Al salir he pasado por un montón de controles, porque aquí todas las personas son sospechosas hasta que no se demuestre lo contrario. Me han cacheado, me han hecho quitarme los zapatos, me han pedido el pasaporte cuatro veces y, para colmo, no figuraba mi primer apellido en el billete electrónico, solo el segundo, lo que ha significado más consultas y trámites. Me han tomado las huellas dactilares, me han fotografiado como un delincuente... ¡desesperante! Y no me imaginaba lo que me esperaba después en EEUU.

Yo comprendo que después del atentado contra las torres gemelas el 11-S hay que tener precauciones, pero no dejo de sentir una inmensa tristeza al comprobar cómo nuestro mundo se parece cada día más a una cárcel que a un paraíso. Es necesario, o mejor aún, imprescindible, que avancemos hacia cotas de mayor humanidad y libertad.

Y, dándole vueltas a todo esto, he pensado que la única salida que nos queda es Jesucristo. Puedo parecer un fanático más, pero nadie como Él ha propuesto un ideal de vida capaz de humanizarnos de manera tan segura como el Evangelio. «¿A dónde iremos, Señor? Solo tú tienes palabras de vida eterna» *(Jn 6,60-66)* ¿En qué estamos convirtiendo esta patera que es la vida?

Viendo desde el avión los impresionantes rascacielos norteamericanos no he podido menos que regresar a mi infancia en los montes de Toledo, mientras conducía mis cabras por la loma de las colinas para aprovechar la flor de la jara que estallaba en mil flores blancas cubriendo toda la ladera de los Horcajuelos. Allí, sin controles ni pasaportes, sin alquitrán, sin contaminación, me sentía un joven libre, respirando el aroma del tomillo y el romero mientras mis cabras pastaban apaciblemente, cuidadas y vigiladas de cerca por mi perrita Linda. Y yo contemplaba abstraído la flor del espliego o el vuelo de la paloma torcaz para ver si conseguía descubrir en qué arbusto anidaba aquel año.

He entendido ahora la profunda decepción de Lorca en su obra «Poeta en Nueva York». Os confieso que he sido un niño feliz cuando apenas disfrutaba de nada material. Mi familia era pobre y humilde, como no podía ser de otra manera en casa de un pastor. Y creo que esa felicidad de mi infancia, junto a mis cinco hermanos, es una herencia tan valiosa que siempre formará parte del mejor patrimonio de mi alma. Con el tiempo y con las experiencias de dolor y enfermedad he ido aprendiendo a relativizar, porque todo es relativo, excepto la experiencia de un Dios bueno que es capaz de llenarte de plenitud.

Tal vez este descubrimiento hizo posible que un día iluminado de mi juventud decidiera, en medio de muchas dudas y algunas oposiciones, ser consagrado y sacerdote. Tal vez. Necesitaré toda una vida para saberlo, pero hoy, desde la distancia de estos últimos treinta años como sacerdote y algunos más como mercedario, puedo decir, con alegría y agradecimiento, que estuve muy acertado y hoy no cambiaría por nada mi condición, a pesar de que no he sido fiel ni a mi consagración ni a mis votos, pero me consuelo pensando que donde abundó el pecado sobreabundó la gracia y que el pasado, por muy turbio que sea, ya no existe. Solo existe el presente que nos empeñemos en construir.

Y, además, creo profundamente en el perdón que Dios me regala a través de la Iglesia. Por eso me siento una criatura nueva, dispuesto a aprovechar este tiempo de misericordia que Dios me ha concedido sin nada a cambio. En verdad Dios ha hecho conmigo obras grandes y estoy alegre. Cuando me encuentro todos los días hombres y mujeres preocupados solamente por lo material, sin valores, sin fe, sin esperanza, me reafirmo aún más en lo privilegiado que soy. Dios se ha ido abriendo paso en mi vida sin apenas darme cuenta hasta ser patrimonio mío sin merecerlo, de tal manera que yo dejaría de ser yo si me arrebatan el don de la fe.

Es verdad que he tenido que hacer renuncias importantes pero esas renuncias se han recompensado por mil a lo largo de mi vida. He renunciado, por ejemplo, a tener un hijo. Y os aseguro que es una renuncia de impacto. Ver a un niño abrazado a su padre me conmueve y me hace pensar en la experiencia que nunca disfrutaré ¡Cómo no recordar mi casa llena de niños junto a la hoguera mientras mi madre nos preparaba una deliciosa comida en la sartén al fuego en nuestra humilde casita de adobe en Valdelagua, en pleno monte, lejos de toda civilización! ¡Y fuimos tan felices! He renunciado a vivir cerca de mis padres que me lo entregaron todo y yo apenas he sido capaz de devolverles nada aparte de mi inmenso amor.

Por suerte, Dios me ha ido regalando por donde he pasado amigos y amigas, padres, hermanos y hermanas, hijos e hijas en abundancia. Porque el Evangelio está cargado de razón: «Él que dejará casas y tierras, padres y hermanos y hermanas por mí y por el evangelio, recibirá tres veces más en esta vida y después la vida eterna...». Todo esto se ha cumplido en mí. En este sentido, me siento muy afortunado y tal vez por esto no he querido renunciar, a pesar de mis evidentes limitaciones.

Curiosamente, la vida, la enfermedad y ancianidad de mis padres me devolverían algún tiempo después al pueblo de mi infancia y a mi hogar familiar para acompañar esos últimos momentos de sus vidas. Nada me ha deparado Dios tan hermoso como esto. Nunca me cansaré de agradecerlo suficiente.

25
La belleza me habla de Dios cada día

«No cuentes los días; haz que los días cuenten»
(Mohamed Alí)

He sido siempre, desde muy niño, un muchacho sensible, muy sensible. Gracias a esto he disfrutado hasta el límite contemplando en el campo la belleza sublime del romero, del tomillo y de la jara florecida. Han llegado a emocionarme las peonías escondidas entre los arbustos y pedrizas de los montes manchegos y he llegado a llorar, literalmente, cuando mi padre degollaba a un cabrito para disponer de alimento en casa. Les cogía tanto cariño a aquellos cabritos tan pequeños e inocentes a los que yo había cuidado desde pequeños, y a alguno lo había traído desde el monte donde su madre le había parido, que escuchar sus balidos cuando mi padre los degollaba me llenaba de terror y de rabia hasta el llanto.

Ser sensible es un don y una desgracia, porque he gozado hasta el límite con la belleza y la pequeñez de las cosas, pero, a la vez, he sufrido hasta el extremo cuando la desgracia se cierne sobre ellas. Desde que era un niño he percibido que Dios anda escondido entre la belleza de la naturaleza. Lo he percibido con mucha claridad. En una tierra seca y casi desértica como La Mancha, descubrir en la ladera de la sierra de «El Madroñal» una fuente de agua fresca y cristalina donde mis cabras bebían en el centro del día era una auténtica bendición que me hablaba sin medida de Dios. Tal vez por eso he cultivado con empeño, aunque siempre como un aficionado, las bellas artes, la literatura, la música, la pintura. ¡Creo que no hay belleza más grande que un amanecer! ¡Y he contemplado tantos desde lo alto del monte! He disfrutado muchos. Dios, el artista divino, nos regala un amanecer distinto cada día por su amor infinito hacia sus hijos.

No es extraño que san Francisco de Asís descubriera en la naturaleza el cauce más propicio para contemplar a Dios y sintiera que toda la naturaleza, aun siendo imperfecta como nosotros, es hermana. La hermana agua, el hermano sol, la hermana tierra, el hermano fuego. Somos de la misma hechura, como si hubiéramos sido cocidos en el mismo horno y del mismo barro. Por eso, desde la fragilidad de lo que somos, nos rompemos fácilmente en forma de enfermedad, de limitación y, sobre todo, de pecado. ¡También la naturaleza se rompe en forma de ciclón, de tsunami, de terremoto! Y no entendemos estas realidades porque no acabamos de ver que Dios nos ha hecho libres en nuestra pequeñez, a nosotros y a la naturaleza, y nos resquebrajamos en nuestra condición de criaturas.

Hay leyes internas de las criaturas que Dios respeta porque, de lo contrario, rompería la libertad con la que han sido creadas. El tumor cerebral que yo sufrí hace algún tiempo y que ha sido un punto de inflexión en mi vida no ha podido ser un deseo de Dios. Ha sido simple y llanamente consecuencia de la fragilidad humana de mi cuerpo. Y así sucede con tantos casos de cáncer, de accidentes de tráfico, de muertes prematuras, que no son deseo de Dios, sino fruto de una naturaleza imperfecta que solo alcanzará su plenitud en el misterio insondable de Dios. «La creación entera está gimiendo con dolores de parto, esperando...» (Rom 8,22). Un terremoto no es un castigo de Dios, aunque cause estragos y muertes, es consecuencia de esas leyes internas de la naturaleza que Dios respeta para no convertirse en un dios tapagujeros, entrometido y controlador. Si esos fenómenos naturales se ceban con los más pobres no es porque Dios lo haya dispuesto así, sino porque el egoísmo humano impide a muchos seres humanos disponer de casas dignas y bien cimentadas que evitarían muchas muertes.

Por suerte, estamos caminando a una reflexión cada vez más profunda sobre la necesidad de cuidar la integridad de la creación, hogar de la humanidad y reflejo del Dios amor que ha creado para nosotros este mundo tan maravilloso. Estamos empezando a reciclar, a no malgastar, a respetar el entorno natural, a educar a los niños en el respeto a la naturaleza. Un camino de esperanza se va abriendo camino. Un camino que ya no tiene retorno, por suerte.

26
Crónica de un viaje imprevisto al lejano oeste

«La vida es una sucesión de lecciones
que uno debe vivir para entender»
(Ralph Waldo Emerson)

Había amanecido el día espléndido en Madrid, aunque solo lo pude apreciar cuando ya mi avión surcaba los cielos por encima de las montañas nevadas que, imagino, serían las sierras de Guadarrama. Había madrugado mucho para estar con tiempo suficiente en el aeropuerto. Viajar a EEUU supone siempre un plus de tiempo por culpa de los exhaustivos controles que hay que soportar.

Me dirijo a San Antonio Texas para dirigir un curso de formación a las «Sisters of the Blessed Sacrament» que siempre me han honrado con su amistad y su generosidad. Viajo solo a EEUU, en estos momentos en que estoy recuperándome aún, después de dos años de una operación de un tumor cerebral, con la oposición comprensible de mi comunidad a que viajara, y la «regañina» de mi Superior Provincial por haber aceptado esta invitación. Pero os confieso que me ha costado negarme por varios motivos. El primero y principal, porque quiero mucho a estas hermanas y me siento muy querido por ellas, y en segundo lugar, porque no quiero sentirme un «herido de guerra» incapaz de ser el que siempre he sido. Es verdad que tengo una limitación muy fuerte para poder hablar con agilidad y nitidez debido a una disartria, residuo de mi lesión cerebral, pero creo que mi ilusión por luchar y recuperarme es muy superior. Tal vez sea un tanto osado, tal vez, pero prefiero ser osado que asustado.

He sido, en un pasado inmediato, un ágil predicador y comunicador y llevo muy mal ahora, lo confieso, no poder articular las palabras con claridad. Tal vez sea una realidad que Dios pone en mi camino para que no confíe tanto en mí y más en Él. No sé. Estoy pasando por una dura lección de humildad que me cuesta mucho aceptar.

Lo cierto es que aquí estoy, en el avión, volando hacia Nueva York, camino de San Antonio, Texas, mientras escribo. De vez en cuando lanzo una mirada por la ventanilla del avión para contemplar el impresionante paisaje que se abre ante mis ojos en esta salida de Madrid. Las cumbres nevadas me recuerdan el salmo «Montes y cumbres bendecid al Señor, rocíos y nevadas bendecid al señor». Soy un tanto atrevido, es verdad, pero me puede la ilusión. He sido siempre mucho más impulsivo que racional y eso me ha ocasionado grandes disgustos, pero uno es como es y no es fácil dejar de serlo en poco tiempo. Deseo compartir lo poco que soy y lo poco que tengo y eso me hace inmensamente feliz.

Cuando recuerdo mis largas noches de hospital mirando el techo blanco de la habitación en Cuidados Intensivos no puedo evitar pensar que estoy llamado a ser útil a mis hermanos y a disfrutar la vida en plenitud. Tal vez por eso estoy ahora aquí, en lugar de ser prudente y haberme quedado en casa haciendo mis tareas cotidianas, cruzando este inmenso océano Atlántico que ahora se abre ante mis ojos, solo perturbado por algunas nubes casi transparentes que van hacia algún sitio sin saber muy bien a donde, como todos los seres humanos.

Hemos abandonado España por la costa de Galicia, tal vez para no tener que pedir los permisos pertinentes al gobierno luso. Sería más razonable haber cruzado Portugal para alcanzar el Atlántico saliendo de Madrid, pero también las normas de aviación, como yo, son ilógicas o al menos incomprensibles.

A medida que avanzamos, una capa de nubes blanquísimas lo va cubriendo todo. Esto me ha recordado (siempre vuelvo a la infancia) a aquellas tardes de verano en La Mancha en las que no se veía ni una sola señal de nubes por ningún sitio y todos soñábamos con la lluvia que es, sin duda, la mejor bendición para nuestra tierra. Y cuando al fin una nube descargaba con furia sobre la tierra sedienta, salíamos todos a empaparnos de aquella agua como para recibir en la propia carne la bendición que caía del cielo. Recuerdo sentir mis cabellos empapados por la lluvia y el balar de los cabritos en el porche, asustados porque nunca habían oído tronar.

Mis recuerdos de la infancia de pastor han sido toda una carrera universitaria para la vida. Allí aprendí a descubrir el amor, en el instinto de mis cabras y ovejas, cuando parían en lo alto del monte y no se separaban de sus crías por nada que aconteciera. Muchas veces tuve que llevar a los cabritos en mis brazos para no dejarlos a la intemperie, con el peligro de que los depredadores los mataran, mientras su madre seguía mis pasos escuchando el balar de sus crías. Y también allí, en el monte, pude descubrir el zarpazo del mal en la picadura de la víbora que asfixiaba a mis cabras porque las picaba en la lengua cuando se disponían a comer los brotes más tiernos de la encina, donde la víbora esperaba agazapada y malévola. Cuando la picadura se producía a primeras horas de la mañana mi esperanza se venía abajo, porque a esas horas tempranas la víbora tiene llenos sus conductos de veneno y la cantidad que inyecta en su picadura es muy grande y puede llegar a ser mortal. Sin embargo, cuando la picadura se producía a últimas horas de la tarde la gravedad era mucho menor porque sus conductos estaban ya vacíos de veneno al haber sido utilizados durante el día para la caza.

No es extraño que el pueblo de Dios identificara a la serpiente con el mal. Conozco a las víboras desde lejos y más de una vez me entretuve jugando con ellas apretando su cabeza con un palo en forma de horquilla para ver cómo reaccionaba y contemplar su lengua afilada y bífida. Tal vez locuras de niño. Y recuerdo cómo atravesaba la senda de la pedriza de «Pocho» corriendo como un loco, pensando que así evitaría sus picaduras si por casualidad estaban por allí enramadas. ¡Qué ingenuidad! Era toda una provocación.

El contacto con la naturaleza desde niño me ha abierto los ojos a muchas realidades hermosas que ahora los niños de la ciudad no pueden disfrutar ni conocer. No me olvidaré, por simpática, de la anécdota que me ocurrió hace poco en un colegio cercano a mi parroquia a donde voy algunas veces a saludar a los niños. Hablando de las maravillas de la naturaleza se me ocurrió preguntarles de dónde venía la leche que tomábamos en el desayuno. Entre caras de sorpresa un niño levantó presuroso la mano para responder:

—Viene del frigorífico.

—No —dijo una niña—, ahí se guarda para conservarla mejor, viene del *tetrabrik*.

Hubo alguna que otra sonrisa, pero la mayoría dio por buena la respuesta porque tal vez también ellos estaban pensando lo mismo. ¿Y que podrían responder si la mayoría nunca han visto ni han tocado una vaca?

Miro por la ventanilla del avión y solo veo una inmensa cantidad de agua que llena el océano Atlántico. Tal vez pueda ser una imagen del amor de Dios: inmenso, sin límite y transparente como el agua del mar. No es fácil que el hombre y la mujer de nuestro tiempo perciban a Dios como este amor ilimitado cuando cada día abrimos el periódico y nos abofetea una realidad cruda y violenta, de corrupciones y de injusticias que claman al cielo. ¿Qué Dios es este Dios que se hace el sordo ante estas desigualdades monstruosas que ocasionan la muerte de niños inocentes, permite que los ancianos con muchos hijos se vean solos y abandonados en su vejez, y mueran de cáncer madres de familia con sus niños recién nacidos? Este dios no debe ser un dios muy legal o al menos con cierta sensibilidad. Será tal vez un dios vengador y justiciero, que aprovecha las ocasiones para golpearnos donde más nos duele. Y yo, que me he sentido tan amado, me resisto a creer en ese dios justiciero que es incapaz de compadecerse de sus hijos, los hombres y las mujeres, y les golpea en la primera oportunidad que tiene. No, el Dios del que yo he tenido experiencia de la noche oscura de la enfermedad y de la muerte cercana ha sido un Dios lleno de ternura y misericordia que me miraba todos los días con unos ojos pequeños y vivarachos, que eran los ojos de mi madre.

El Dios que yo he sentido, es el Dios que me acariciaba todos los días, cuando no podía apenas moverme, con las manos tiernas y cariñosas de mis dos hermanas. El Dios que yo he visto y sentido tenía pies y deseos de sacarme a pasear, de la mano del P. Gonzalo Ruiz, en mi silla ruedas, cuando mis piernas no me sostenían y yo deseaba ardientemente ver el sol y sentir la brisa fresca que no entraba en las instancias del hospital donde me encontraba en Cuidados Intensivos. Sí, mi Dios, el que se ha encontrado conmigo, tenía oídos y oía, tenía boca y hablaba y besaba, tenía manos y acariciaba y tenía pies y me sacaba a pasear. Era un Dios encarnado.

Sin embargo, los dioses falsos de los que habla la Escritura: «Tienen ojos y no ven, tienen oídos y no oyen, tienen boca y no hablan, sean igual los que los hacen que cuantos confían en ellos». Es un consuelo sentir que nuestro Dios anda suelto entre nuestros cacharros y que llegar a la santidad no es una tarea imposible o de superhombres. Me han encantado unas palabras del papa Francisco, que es un nuevo Pentecostés para la Iglesia, que ha dicho: «El Señor quiere santos en vaqueros, que sean normales, salgan con sus amigos al cine, a la discoteca o al Burger, tomen copas y sean normales», porque esto quiere decir que puede ser santo cualquier hijo de vecino, por fin.

Yo, en algún momento, llegué a pensar, y así lo piensan aún muchos, que la santidad era una parcela privada de los doctores, sacerdotes, obispos y gente de mucha altura, y que lo tenían difícil los pobres de la calle, los porteros, los barrenderos y las amas de casa a los que nadie conoce y no salen nunca en los periódicos. Pero ahora el Papa nos ha dicho que no, que puede y debe ser santo cualquier hijo de vecino.

Un nuevo tiempo parece abrirse paso en la Iglesia por medio del papa Francisco. Hay temas tabúes que se están abordando, cuestiones espinosas que ya no están vetadas. Muchas personas que ya habían tirado la toalla porque no se sentían escuchados ni entendidos en la Iglesia, separados, divorciados, homosexuales, se están asomando de nuevo porque el Papa les está sorprendiendo. Y eso que no dice nada del otro mundo, pero nadie hasta ahora lo había dicho así de claro, como por ejemplo que nosotros no somos nadie para juzgar a una persona homosexual, ni tenemos derecho a prohibir a un niño el bautismo porque sus padres sean separados, que eso es como inventar un octavo sacramento, el de la prohibición.

El Papa, en la Declaracion *Fiducia Supplicans*, se abre a la bendición de personas homosexuales, algo inimaginable hace unos años. Estamos avanzando. No hace muchos años, cuando yo era presidente de CONFER, afirmé en un periódico de tirada nacional que la Iglesia no marginaba a los homosexuales y se armó una sonora polémica. Algún periodista se atrevió a publicar –conservo fotocopiados los titulares– que el presidente de CONFER pedía al Vaticano que los homosexuales fueran ordenados. La polémica estaba servida. Recuerdo que dedicaron un programa entero de la cadena COPE, «La linterna de la Iglesia», a descalificar mis palabras, fruto de un novato sin experiencia, porque los religiosos habían elegido a un presidente excesivamente joven.

Ahora ha dicho el Papa que no somos nadie para juzgar a los homosexuales, que es fundamentalmente lo mismo, y ninguna de aquellas plumas católicas y gloriosas se ha atrevido a levantar la voz, porque ha sido el Papa quien lo ha dicho. Solamente José Antonio Pagola, el perseguido hasta la saciedad, ¡qué casualidad!, se pronunció entonces para apoyarme y defender mis palabras, convencido de que estaban en consonancia con el Evangelio.

Da la impresión de que los problemas y situaciones complejas de la vida no lo son hasta que nos tocan a nosotros muy de cerca. En el fondo, es que no hemos entendido lo que significa la Encarnación del Verbo. El

Papa Francisco salió evangélicamente airoso cuando le plantearon el tema de la realidad homosexual y respondió: «¿Quién somos nosotros para juzgar a alguien?». Definitivamente, hemos de revisar muchas de nuestras afirmaciones y actitudes ante la diversidad de la vida, nuestros lenguajes y nuestros signos, no sea que se conviertan en nuestra ruina de cara a las nuevas generaciones.

Eso no significa aceptarlo todo o renunciar a los valores del Evangelio. Significa, más bien, afrontar las realidades humanas con más misericordia. Significa tratar de ponernos en la piel de Jesús para imaginar, en consonancia con su mensaje, lo que diría Él, y, sobre todo, lo que haría Él. No hace mucho tiempo, un jerarca de la Iglesia española afirmaba que ser homosexual es como haber nacido sin un brazo. Os confieso que esta afirmación llegó a herirme hasta el extremo porque conozco a un niño precioso, al que quiero mucho, que nació sin un brazo y la comparación de nuestro jerarca me pareció una salida de pata de banco. Conozco a algunos jóvenes de esta condición que se rebelan de continuo contra estas afirmaciones y no perdonan a nuestro «pastor» hasta que no pida disculpas públicas por estas palabras, cosa que es altamente improbable. Se retirará, porque ya tiene una edad, y no pedirá perdón. Pedir perdón no suele acompañar las reflexiones de nuestros pastores aun cuando sus afirmaciones no hayan sido afortunadas.

Esta brecha generacional que estamos viviendo en la Iglesia ha de ser revisada con mucha humildad y subsanada de inmediato si no queremos perder definitivamente toda una generación con todo lo que viene detrás: hijos, nietos, amigos…

27
Una experiencia para quitarse el sombrero

«Luchamos contra tres gigantes, mi querido Sancho:
la injusticia, el miedo y la ignorancia»

(Miguel de Cervantes)

He vivido unos días de retiro-formación con una comunidad de Religiosas Mercedarias del Santísimo Sacramento. Una congregación de origen mexicano fundada por la madre María del Refugio Aguilar. Ha sido una experiencia de sobresaliente. Me he encontrado con unas mujeres que desean ser de Dios a toda costa, en el servicio permanente a los necesitados allí donde se encuentran, en las ciudades pudientes como Cleveland o en los lugares de inmigración mexicana como California o Nuevo México.

El obispo Kelley, preocupado por la situación de muchos inmigrantes mexicanos que pasaban la frontera para quedarse en EEUU, y con el riesgo evidente de ser atrapados por las sectas o las iglesias protestantes, decidió invitar a estas religiosas a hacerse presentes en Oklahoma para contrarrestar esa ofensiva de las sectas y las iglesias no católicas y facilitarles una mejor formación humana y cristiana. Y así llegaron aquí. Mujeres, mexicanas en su origen, que se arriesgan a adentrarse en otra cultura y en otra lengua para poder acompañar a los inmigrantes mexicanos, ilegales o no, que habían conseguido establecerse en estas tierras.

Las hermanas fueron encargadas de hacer el censo para ver cuántas personas hablaban español y poder hacer la división de parroquias. Cuando hablamos de «monjitas» de manera despectiva o reduccionista es porque no hemos conocido monjas así. He convivido con mujeres austeras y sacrificadas, preocupadas por cómo servir más y mejor a los sufrientes, sintiéndose Iglesia y consolidadas en la oración a la que dedican gran parte del día. Martas y Marías aunadas en un profundo deseo de servicio a los nuevos cautivos: los inmigrantes procedentes de México. Estoy convencido de que, si abundaran mujeres así, consagradas o no, nuestra vida sería distinta y las parcelas de humanidad, ahora tan escasas, crecerían notablemente.

Me he encontrado con religiosas mayores de una talla humana y espiritual admirable, curtidas por el trabajo, no solo espiritual, que hablan a las claras de una Vida Consagrada, encarnada y viva, a pesar de las limitaciones existentes en este momento en el conjunto de la Vida Consagrada, en cuanto al número y a la escasez de vocaciones. Mujeres empeñadas en vivir al pie de la letra el capítulo 25 de san Mateo: «Tuve hambre y me disteis de comer, tuve sed y me disteis de beber, fui forastero y me acogisteis, estuve enfermo y me visitasteis, en la cárcel y vinisteis a verme...».

He conocido, por ejemplo, a sister Teresa, una mercedaria de la congregación «Sisters of the Blessed Sacrament», que me ha dejado impresionado con su trabajo valiente y profético en medio de los inmigrantes mexicanos que atraviesan la frontera de manera ilegal en busca de un futuro mejor. Algo así como si Dios hubiera convocado a estas mujeres a anunciar la Buena Nueva de la liberación en Nínive como Jonás.

Las condiciones en las que han vivido estas personas solo pueden imaginárselas quienes las han visto. Trabajando en condiciones infrahumanas, las mujeres prostituyéndose para poder vivir, sin derechos, con horarios de trabajo esclavizantes…, y allí estaba sister Teresa, dispuesta a dar la batalla porque se lo exigía su fe, su consagración y su carisma liberador. Y después de pasar mucho tiempo delante del Santísimo en Adoración, salía, cogía su guitarra, vestía su hábito y se dirigía directamente a la manifestación a favor de los derechos de los inmigrantes. Salía en manifestación con su hábito y su guitarra, encabezando las protestas para conseguir condiciones dignas para su gente. Pasaba, sin rupturas, de la adoración callada ante el Santísimo Sacramento, a la manifestación civil para reivindicar los derechos humanos. Y, además, lo hacía siendo consciente de que su oración ante la Eucaristía le exigía luchar de inmediato por los derechos humanos.

Sister Teresa es bajita, morena, *chaparrita* la llaman, con los ojos encendidos, una mujer coraje que ha entendido muy bien su vocación de mujer consagrada. Y ahora ha decidido organizar a las religiosas hispanas en EEUU para que puedan sentir el apoyo en muchas situaciones de precariedad que ella está descubriendo. Para llegar hasta aquí, sister Teresa ha tenido que vivir en su propia carne la marginación por su condición de mujer descendiente de apaches. Me decía que ella siempre se ha considerado como mexicana, porque en ese grupo estaba siempre catalogada, hasta que ha descubierto su condición de mujer apache y ha entendido por qué su marginación en EEUU junto a los negros, a los vietnamitas y asiáticos y a otras culturas diversas.

Cuando uno piensa en una monja se la imagina encerrada en su convento, sumisa, rezando de continuo y poco más, pero hay consagradas que son auténticas mujeres fuertes, como sister Teresa. Son conscientes de que la consagración religiosa no es, en modo alguno, una evasión, sino un compromiso real y valiente hasta las últimas consecuencias. Una vocación consagrada, o es pura encarnación, o se convierte en un hisopazo de agua bendita. ¿Podéis imaginaros a una monja apache, con su hábito blanco y su guitarra, encabezando una manifestación en EEUU para exigir que se reconozcan los derechos de los mexicanos emigrados ilegalmente? Pues yo la he conocido y se llama sister Teresa. Parece sacada de una de esas películas del oeste que veíamos de niños donde los yanquis siempre acababan venciendo a los indios con el Séptimo de Caballería.

He compartido momentos muy gratos en San Antonio, Texas, con las hermanas. Mujeres de intensa oración y, a la vez, de fuerte conciencia social y comprometida. Y me han enseñado que la «Merced» es misericordia sin fisuras. ¡Están de actualidad estas hermanas de la Merced, que no tienen nada de «monjitas» y sí tienen mucho de mujeres «coraje» consagradas! La misericordia ha sido siempre su carné de identidad. Por eso son de la «Merced», por eso son mujeres coraje, por eso son consagradas, por eso son encarnadas.

He vuelto muy feliz a España después de conocer a una «monja apache». Sister Teresa es solo un pequeño ejemplo de la pluralidad, colorido y belleza que acompaña a la Vida Consagrada dentro de la Iglesia. Una diversidad que la Vida Consagrada guarda como un don y que nadie podrá «uniformar», aunque no faltará siempre alguien que lo pretenda.

28
El lujo de cumplir años

«Es sencillo hacer que las cosas sean complicadas,
pero difícil hacer que sean sencillas»

(Friedich Nietzsche)

Muy pronto voy a cumplir 65 años. ¡Toda una vida ya! Lejos de lamentarme porque el tiempo vaya pasando y yo con él, me siento muy afortunado y agradecido de haber podido llegar hasta aquí. No ha sido fácil. He pasado por el filo de la espada en muchas ocasiones, pero mi ángel me ha guardado y protegido hasta el día de hoy.

No le pido nada más a la vida. He vivido una vida muy plena y feliz. Mis días son ahora muy dichosos. Podría decir que estoy en la edad dorada. Me siento más libre que nunca porque a mi edad ya es difícil que algo o alguien me condicione. Solo en Dios he puesto mi confianza y sé que no quedaré defraudado. Me queda por vivir mucho menos de lo que ya he vivido, soy consciente de ello, pero no me preocupa demasiado. Me levanto todos los días como si fuera el primero de mi vida y así lo disfruto. No me preocupa lo que me queda por vivir sino cómo vivir con más plenitud el día de hoy que Dios me ha regalado. Me siento afortunado de tener amigos por medio mundo y, tal vez, también por el otro medio. Y esa lista de amigos sigue creciendo, día a día, porque no me gusta poner límites a la agenda de la amistad.

He tardado muchos años en descubrir el secreto de mi felicidad, pero al final ya lo he descubierto: necesito muy pocas cosas. Un poco de cariño, una brisa suave en mi cara, una oración en lo alto del monte, un rato para escribir o pintar, un mensaje de un amigo, la mirada tierna de mi madre anciana y la alegría que me expresa mi perrita Linda cuando me ve llegar a casa después de un tiempo de ausencia. Eso y nada más. Cada día me sobran más cosas y me falta más sencillez. Y así estoy dispuesto a seguir caminando los años que Dios me siga regalando.

Antes me enfurecía cuando alguien me atacaba en las redes porque no estaba de acuerdo con mis opiniones o cuando notaba de cerca el zarpazo de la envidia. Ahora ya no. Solo me inquieta y me duele el sufrimiento de los seres humanos de cualquier ideología o lugar, esa sinrazón del odio y de la guerra. Solo esto me acaba estremeciendo hasta el llanto. Me he vuelto muy blando. Cada día que pasa detesto más la hipocresía en el mundo o en la Iglesia, mi Iglesia, a la que amo, pero de la que no acepto muchas cosas que creo que no son de Jesús, aunque las disfrazan para que lo parezca. Por eso no renuncio a ser voz crítica cuando me lo pide mi conciencia, «Si se calla el cantor, se calla la vida». ¡Gracias, Señor, por este nuevo año con el que ya me amenazas como una nueva primavera de luz!

29
El misterio de la vida

«La Iglesia nos pide que nos quitemos el sombrero
antes de entrar al templo, pero no la cabeza»

(Chesterton)

La muerte es la gran incógnita de la vida y, sin embargo, es una incógnita desvelada por Jesucristo. Quisiéramos que nuestros seres queridos, familiares y amigos no se murieran nunca; estaríamos dispuestos a dar nuestra vida por eso. Y así ha sido Cristo en su amor compasivo para con nosotros, ha estado dispuesto a dar su vida por nosotros. La muerte no es una criatura de Dios, sino del pecado y del diablo. Por Adán entró el pecado en el mundo y por el pecado, la muerte. Y por Cristo nos ha venido la vida. Nuestro Dios no es un Dios de muertos, porque para Él todos están vivos.

Es curioso cómo todas las experiencias de muerte cercana coinciden en que la muerte no es un paso violento y cruel, sino apacible y sereno. Me contaba un médico que recientemente ha tenido una experiencia cercana a la muerte, que sentía la otra orilla como un remanso de paz, como un lugar lleno de luz al que deseaba llegar de inmediato. Un túnel que terminaba en una salida muy luminosa que producía esperanza y alegría. Yo también he sentido esa posibilidad cercana de la muerte y he perdido el miedo a la muerte porque la sentí en algún momento como una mano tendida, una solución deseada al momento difícil que estaba viviendo.

No, la muerte no es ese rostro cruel con que la han representado los escritores y pintores. Alejandro Casona habla de la muerte como una peregrina que siempre tiene las manos frías y va visitando, de tiempo en tiempo, cada familia, cada pueblo, cada lugar, siempre fiel a su cita. Nadie desea morir. Dios ha puesto en nosotros un instinto muy fuerte de supervivencia porque es amigo de la vida. Creo que no es malo aprender a convivir con la muerte y a mirarla cara a cara porque es una realidad siempre cercana a la vida de cada persona. Sentirla así es una prueba de madurez. Así la sentía san Francisco de Asís cuando la llamaba «la hermana muerte». «Y por la hermana muerte, loado mi Señor, ningún viviente escapa de su persecución. ¡Ay si en pecado grave encuentra al pecador! Dichosos los que cumplen la voluntad de Dios». Quevedo habla de la muerte como un polvo al que somos reducidos, pero no un polvo cualquiera, sino un «polvo enamorado».

30
Margarita, la mujer destrozada

«La verdadera felicidad cuesta poco;
si es cara, no es de buena clase»

(Chateaubriand)

Marga es una mujer aparentemente feliz y con un estatus social alto. ¡Quién diría que, como Jonás, iba a ser lanzada al mar de la desesperación y una ballena se la iba a tragar, como se traga a tantas personas cercanas a nosotros! Nadie diría que lleva dentro un sufrimiento atroz que nadie puede mitigar. Es una mujer muy religiosa y llegó una tarde con el deseo de confesar.

–No padre, en el confesionario, no. Yo deseo hablar serenamente en un lugar más «normal». Necesito quitarme una losa de encima que llevo durante muchos años.

–¿Te parece bien en el despacho parroquial?

–Sí, padre, me parece un buen lugar.

Su confesión fue terrible y desgarradora. Le estaba haciendo mucha faltar soltar todo ese lastre que durante años la ha atormentado. El papa Francisco tiene razón cuando dice que la Iglesia tiene que ser como un hospital de campaña, dispuesta a curar tantas heridas como afligen hoy a la gente, heridas incluso ocasionadas por la propia Iglesia. Margarita es una mujer herida por sus propias decisiones.

—Es que…yo padre, asesiné a mi hijo, lo aborté. Y eso es algo que me pesa como una losa y no me deja ser feliz. Soy una asesina y no puedo perdonármelo. Hay noches en que me despierto pensado que soy la asesina de mi hijo y no puedo olvidarlo. Estoy tan arrepentida, padre, tan arrepentida de eso, que necesito urgentemente el perdón. Nunca jamás haré una cosa así, se lo prometo.

—Pero ¿cómo fue eso?

—Verá, entonces yo era muy joven, tendría 16 años, cuando empecé a salir con el hombre que ahora es mi marido. En un momento de nuestra relación, yo me quedé embarazada. Nuestras familias no estaban preparadas para ello porque aún no nos habíamos casado, y su presión fue muy fuerte. Yo tuve mucho miedo a que se rompiera nuestro noviazgo porque lo quería con pasión, y acepté la sugerencia de practicar un aborto.

Recordé entonces que este pecado le está reservado al obispo, pero también pensé en esta mujer dolorida y que no tenía por qué pasar por más situaciones difíciles y me acordé de las palabras del Papa de que no podemos poner a los fieles un sacramento nuevo: el de la prohibición, sino que hemos de facilitar a los fieles el encuentro con Dios sin tantas trabas como a veces ponemos en la propia Iglesia. Y, convencido de su arrepentimiento e impresionado por su sufrimiento, le di la absolución. Aquella mujer, inundada por la emoción de sentirse perdonada, era un mar de lágrimas. Me recordó a la mujer pecadora perdonada por Jesús: «Se le perdona todo porque ha amado mucho». Pocas veces he visto a alguien valorar tanto el perdón de Dios a través de la Iglesia. Me dio un fuerte abrazo de agradecimiento y se marchó liberada y feliz. Cada vez que me encuentro con ella en la calle, me regala una sonrisa amplia y sincera y yo me siento muy feliz de ser sacerdote de Jesucristo. Margarita era otra tesela desprendida del mosaico de Dios que no había conseguido perdonarse a sí misma.

31
Laly, la mujer de la calle

«La vida no es esperar a que pase la tormenta,
sino aprender a bailar bajo la lluvia»

(Vivian Greene)

Eulalia llegó a la parroquia buscando a alguien para hablar y desahogarse de la situación tremenda que estaba viviendo. Estoy descubriendo en estos tiempos que uno de los grandes servicios pastorales que puedo hacer es escuchar: el ministerio de la escucha. Confieso que, a veces, me cuesta, porque, con frecuencia, la gente no tiene límite y me resulta cansado estar dos horas escuchando a una misma persona.

Eulalia –ella prefiere que la llamen Laly– es prostituta. Está ya cansada de esta profesión tan antigua y tan esclavizante. Ha recorrido muchos «purgatorios» ganándose la vida entre humos, licores y gente maleducada y sucia. Ya está harta y quiere dejarlo, pero tiene que vivir y no sabe hacerlo de otra forma. Me cuenta que llegan a ella muchos hombres frustrados y sufrientes, a los que ella tiene que consolar porque vienen destruidos y avergonzados. Mientras hablamos, suena un teléfono y Laly rebusca entre su bolso y saca varios teléfonos que pone sobre la mesa. Al fin contesta con uno de ellos y lo hace con acento andaluz. Un acento andaluz impecable. Al terminar se excusa conmigo.

–Perdone padre, es que a este le encanta el acento andaluz y yo soy una profesional que da a cada uno lo que necesita. Fíjese, padre, que tengo un cliente muy religioso que se santigua antes de comenzar y después siente una culpabilidad tremenda. Tengo que consolarle después para que no se sienta tan mal. Yo sé tratar a las personas con respeto y profesionalidad. Usted, padre, consuela a la gente en la iglesia y yo en mi piso o en los lugares que acordemos. Cada uno vive su fe en el lugar que le ha tocado ¿No cree? Yo soy muy creyente y muy devota de María Magdalena, y tengo claro que mi misión es ayudar a la gente en el lugar que Dios me ha colocado.

Vuelve a sonar otro teléfono y Eulalia lo coge, pidiéndome disculpas. Oigo que dice:

–No hijo, a ti no te recibo porque lo que necesitas es reconciliarte con tu mujer y no desahogarte conmigo. Pide perdón a tu esposa y después hablamos.

Me explica que este señor tiene problemas conyugales y cree que evadiéndose se le pasará el enfado y el disgusto que tiene con su esposa y que ella no está dispuesta a ser la excusa para un fracaso matrimonial.

–No –me dice muy convencida–, los problemas de cada uno que los arregle en su casa, que yo no soy una psicóloga. Para eso tendría que subir el precio de manera considerable y, tal como está el mercado y con la crisis que tenemos, no me saldría rentable. Yo necesito vivir de mi trabajo, y la competencia es ahora muy fuerte. Han llegado unas rumanas y unas rusas muy guapas que trabajan con precios muy económicos, y yo así no puedo salir adelante. ¿Quién me paga a mí el piso todos los meses o la residencia donde tengo a mi madre discapacitada?

Se me ocurre preguntarle a Eulalia cómo se metió en este sórdido mundo de la prostitución y su respuesta fue un nuevo interrogante.

—Fui engañada por una mafia del este. Yo vivía en Sarajevo con mi madre, ya mayor. Allí la guerra nos dejó en la miseria y pensé emigrar a otro lugar para salir de la miseria y de las heridas de la guerra. España parecía un buen país. Allí se hablaba de que aquí había abundante trabajo en todos los sectores. Yo soñaba con ser camarera en algún restaurante, que es el trabajo que conozco desde niña en Sarajevo. Aquella mafia me ofreció entonces viajar a España y conseguir mis papeles a cambio de una cantidad aceptable para mí. Pagué y nos trajeron a mi madre y a mí en un camión, y nos dejaron en Madrid, una ciudad que no conocía en absoluto. Cuando pedí mis papeles me dijeron que tenía que ganármelos trabajando en un club nocturno. Yo me negué y fue entonces cuando me amenazaron con denunciarme por ilegal y con matar a mi madre. Me vi entre la espada la pared y acepté trabajar allí, pero solo durante algún tiempo, con la idea de dejarlo cuando tuviera mis papeles en regla. Fue entonces cuando mi madre enfermó por culpa de un ictus y tuve que internarla en una residencia para discapacitados. Me negué entonces a entregarles mi recaudación, pero ellos me amenazaron de nuevo con denunciarme y con matar a mi madre. Me sentí sola y atrapada en este país y no pude abandonar la prostitución si quería pagar mi piso y la residencia de mi madre. Desde entonces estoy así y ya estoy harta de ese mundo tan cruel. Por eso acudí a usted pensando que sabría aconsejarme y le aseguro que me ha hecho mucho bien escuchándome y recibiéndome. Yo sé que usted no tiene fórmulas mágicas, pero cuando me siento tan mal y pienso que alguien está dispuesto a escucharme, me siento muy aliviada y por eso le llamo. Si encontrara un trabajo decente le aseguro que dejaría este mundo de inmediato. Pero busco y busco y nada de nada. Por eso, cuando alguien me llama por teléfono, por los anuncios que tengo puestos en los periódicos, no puedo negarme y acepto el trabajo. Necesito pagar el alquiler de mi piso y la residencia de mi madre.

Eulalia habla y habla sin parar y yo de reojo miro el reloj de pared que hay en el despacho para ver qué hora es, porque me siento muy cansado y con ganas de cenar y de acostarme, pero me cuesta decirle que hasta aquí hemos llegado y que tiene que marcharse ya. Al fin, suena mi teléfono y tengo una razón para despedirla: me llaman mis hermanos de comunidad para saber por qué no subo a cenar si ya pasa de la hora.

Eulalia se levanta de mala gana y se despide diciéndome que vendrá pronto otra vez porque aún tiene muchas cosas que contarme. Increíble esta mujer que, en el fondo, solo necesita a un hombre que la ame de verdad. El día que se enamore y forme una familia, todos sus problemas dejarán de serlo. Quiero que conozca a Jesucristo para que sienta el gozo de ser una mujer libre, pero aún no es el momento, porque está agobiada por lo material. Le he hablado de unas religiosas que conozco mucho, que tienen como carisma trabajar con las mujeres de la calle y pueden ayudarla, pero por el momento se ha resistido, pensando que quería meterla de monja. Nada más lejos de mi intención.

Laly es otra tesela desprendida del mosaico de Dios que no encuentra su lugar todavía. Se despide de mí con un acento rumano perfecto; es otra de las tretas que usa para pasar desapercibida. ¿Está o no metida en el vientre del cetáceo como Jonás?

32
Lucía, enamorada

«No estar muerto no es estar vivo»

(E. E. Cummings)

Lucía es una mujer de 80 años. Tiene tres hijos, pero vive sola. Sus hijos están trabajando en empresas importantes y pasan mucho tiempo viajando. La llaman, es verdad, pero esas llamadas no impiden su soledad permanente. Un día me invitó a tomar un café a su casa para contarme cómo estaba sufriendo y cómo esa soledad se le hacía muy cuesta arriba. Yo acepté aquella invitación y fue el comienzo de una historia que nunca debió suceder. Lucía se sintió escuchada y comprendida por mí y vio cómo se le abría una puerta a su soledad. Sus llamadas empezaron a ser cada vez más frecuentes hasta que llegaron a ser diarias. Llegó un momento en que yo ya no podía atender tanta demanda como ella necesitaba, pero no me podía negar a escucharla. Una negativa hubiera supuesto una depresión para ella, a la que es propensa. Ahora, su necesidad de querer hablar conmigo es permanente y diaria y yo necesito hacer mis trabajos y llevar mi ritmo de vida y no puedo satisfacer sus peticiones. A todas horas y por todos los cauces tengo reclamaciones suyas para que la escuche: correo electrónico, teléfono, WhatsApp. Me confiesa que no puede vivir lejos de mí y sus declaraciones de amor me dejan turbado y confundido.

Confieso que no sé cómo afrontar esta situación. No puedo entender que una mujer de 80 años pueda estar jugando a enamorarse conmigo que tengo ya más de sesenta y, además, soy sacerdote y ella lo sabe. Sus mensajes son siempre iguales: «No puedo vivir tan lejos de ti, necesito oír tu voz, quiero sentir un abrazo tuyo, te echo mucho de menos, ¿es mucho pedir que me llames alguna vez?». Le he hecho ver que mi compromiso sacerdotal y mis trabajos me impiden poder satisfacer todas sus demandas afectivas, pero ella insiste, una y otra vez, en que quiere respetarme en mis trabajos, pero que no es pedir mucho escuchar un poquito mi voz. Ha pasado de una petición caritativa a una exigencia permanente que ya no sé cómo abordar sin hacerle daño. Finalmente, he decidido dejar las cosas claras para evitar males mayores y le he puesto un correo frío y tajante: «Esto se acabó. No puedo atender tus constantes demandas. Adiós.» Su respuesta me ha dejado helado: «¿No entiendes, mi amor, que estoy enamorada?».

Le doy muchas vueltas y siempre llego a la misma conclusión: la soledad y la falta de afecto nos convierten en niños pequeños que necesitan de todo y de todos. Es, tal vez, la gran enfermedad de nuestro tiempo: la soledad y la carencia afectiva. Otra tesela desprendida del mosaico que Dios que me tiene permanentemente descolocado. ¡Y hay tantas Lucías entre nosotros!

33
Pepe, el constructor arruinado

«La vida sin examen no merece ser vivida»
(Sócrates)

Conocí a Pepe cuando solicité sus servicios para un arreglo pequeño en mi cuarto de baño. Me hizo un trabajo impecable y le pagué lo que me pidió por su trabajo. A media mañana me encontré con su esposa cuando bajaba a la plaza y me pidió el importe del trabajo de su marido. Le respondí, como así era, que ya le había pagado a él lo que me había pedido. Fue entonces cuando me pidió hablar un instante conmigo. Y accedí, confundido por la situación. Me explicó su esposa que estaban en la ruina y apenas tenían para comer; que Pepe había sido un buen trabajador de la construcción y había ganado mucho dinero. Lo suficiente como para construirse la casa grande y bien dotada en la que viven. Un palacio donde no hay apenas nada para comer. «Si le enseño el frigorífico, verá que está totalmente vacío». Pero a Pepe le tentaban las máquinas traga-perras, esa diversión que debería prohibirse, y todo el dinero que conseguía lo metía en aquellas máquinas y siempre lo perdía, porque esas máquinas están programadas para eso: te ofrecen un premio de vez en cuando para que te animes y eches más, pero al final todo se queda para el dueño de la máquina y el dueño del local que han llegado a un acuerdo legal para beneficiarse. Pepe era un ludópata.

—Estoy segura —me dijo su esposa— de que el dinero que hoy le ha entregado por su trabajo ya lo ha metido en la primera máquina que ha encontrado y mañana no tendremos nada para comer.

—Hablaré con tu esposo y le haré ver que tiene que ir a un especialista para que le trate esa enfermedad de la ludopatía.

—Ha ido ya muchas veces y nadie ha conseguido desengancharle de esa dependencia. Yo ya he perdido la esperanza y creo que nuestro matrimonio se va a venir abajo porque yo no puedo vivir así ni un día más.

—Hablaré con él a ver si puedo conseguir algo —le dije.

Salía Pepe de un bar, donde se había gastado todo en las máquinas traga-perras, cuando me encontré con él y le dije:

—Pepe, quiero hablar un rato contigo.

Él se imaginó de qué quería hablar con él y se puso a llorar desconsoladamente en la calle. Me creó una situación embarazosa porque toda la gente que pasaba por allí nos miraba con curiosidad. Yo frente a él y él llorando como un niño. Le animé a pasar por mi despacho en otro momento y nos despedimos.

Aún estoy esperando a Pepe. Hoy me han dicho en Cáritas parroquial que su esposa ha venido a pedir una ayuda porque está desesperada y no sabe cómo afrontar la situación antes de separase de él.

Otra tesela más, llamada Pepe, desprendida del mosaico de Dios. Pepe está en el vientre del gran pez y nadie sabe cuándo podrá salir de ahí.

34
Quiteria, la mujer coraje

«La vida es una obra de teatro
que no permite ensayos.
Por eso, canta, ríe, baila, llora
y vive intensamente cada momento»
(Charles Chaplin)

La conocí bailando *zumba* en la plaza del pueblo. Me impresionó verla sin pelo en la cabeza, aquejada por un cáncer terrible, que ya le ha enseñado los dientes por segunda vez. Hacía unos 15 años que se le había manifestado en un pecho que tuvo que perder y ahora se le ha vuelto a manifestar de nuevo en un nódulo en la cabeza. La recordaba de años anteriores con el pelo largo y muy negro, que caía sobre sus hombros. No entendí qué significaba esa *zumba* que ella estaba bailando en la plaza mayor del pueblo con otras mujeres vestidas todas de color amarillo.

–Bailamos –me dijo– para apoyar a las personas con enfermedades raras. Recogemos donativos, vendemos agua mineral y galletas que hacemos nosotras mismas; todo lo que se nos ocurre para apoyar a las familias que tienen a alguien con una enfermedad rara que normalmente acaba en la muerte. No podemos resignarnos a que la enfermedad vaya arrebatándonos a tanta gente buena y luchadora por falta de medios económicos. No podemos cruzarnos de brazos, nosotras que sabemos en nuestra propia carne lo que es convivir con el cáncer y otras enfermedades semejantes.

Quiteria, mientras habla conmigo, baja la voz y mira a su hijo Juli que está siempre agarrado a su pierna, como queriendo aprovechar todo el tiempo posible cerca de su madre. Ese día me vestí de amarillo y me bajé a la plaza del pueblo para estar cerca de Quiteria y de estas mujeres luchadoras y valientes que saben darnos un ejemplo impresionante de lucha y esperanza.

Fue ella quien me habló de la situación de un amigo de la infancia que estaba debatiéndose entre la vida y la muerte aquejado por una enfermedad rara, llamada ELA. Su esposa, aún muy joven, y sus dos hijos adolescentes, no acaban de entender qué ha sucedido para que Dios permita que su esposo y padre esté en una situación límite, con dificultad para respirar y sometido a dolores terribles y a una inmovilidad progresiva. Esperan ya lo peor. Y aunque busco una respuesta, no la encuentro fácilmente.

Quiteria y su amigo de la infancia, José Luis, son –entre otros muchos– teselas desprendidas del mosaico de Dios, como un nuevo Jonás tragado por la ballena del misterio.

35
Yo mismo soy una tesela desprendida

«Polvo seré, mas polvo enamorado»
(Quevedo)

Efectivamente, lo soy. Mi historia ha sido siempre muy común, tan normal que no merecía la pena contarse; hasta que Dios permitió que sucediera lo que ha sucedido. Soy hijo de un pastor de cabras; desde muy niño estaba acostumbrado a conducir nuestras cabras por los montes de Toledo, entre las jaras, las retamas, los tomillos y las encinas. Desde mi infancia aprendí el arte del ordeño y ordeñé junto a mi padre y mis hermanos a nuestro rebaño. Nuestra casa fue siempre pobre y humilde, como corresponde a la casa de un pastor, pero, eso sí, siempre sobrada de felicidad. A la edad de 10 años decidí, por mi cuenta, marcharme al seminario convencido de que Dios tenía algo preparado para mí. Y ha sido una de las mejores decisiones que he tomado en mi vida.

El tiempo fue pasando sin novedad alguna. Mis estudios, mis dudas, mis amores, pero siempre se mantuvo firme mi ilusión por ser sacerdote y por ser consagrado en la Merced. Cuando menos lo esperaba, me destinaron a ser formador de seminaristas. En ello pasé doce años de entrega entusiasta y gratuita, años muy felices de mi vida. Estando allí, mis hermanos de la provincia de Castilla de la Orden de la Merced, a la que pertenezco y amo, me eligieron su superior mayor. Este tiempo de servicio a mis hermanos fue muy duro y descubrí que la autoridad no es mi carisma.

Siendo superior mayor de mi provincia religiosa, los superiores mayores de las congregaciones de España me eligieron presidente de la Conferencia de religiosos y religiosas de España, CONFER. Fue este un tiempo apasionado de búsquedas y de renovación de la Conferencia de Religiosos de España, con el proyecto «Pensar CONFER». En este tiempo llegué a conocer a hombres y mujeres de una talla humana y religiosa excepcional que siempre formarán parte de mi memoria y de mi corazón. Tiempos de grandes desafíos, no exentos de dificultades. Relaciones, a veces, difíciles con algunos obispos y con muchos periodistas.

De repente, aquel hijo de pastor se vio en la necesidad de tener que relacionarse con altos cargos de la Iglesia y de la sociedad y vio su nombre en grandes titulares en la prensa de la Iglesia y de la calle, que no siempre fueron fieles a mi pensamiento y a mis palabras. Tiempos de pasión y de sufrimiento, como siempre sucede en los cargos que suponen un servicio desinteresado. Me sentí en este tiempo en una burbuja de éxito mundano que parecía impropia del hijo de un pastor de cabras.

Mis éxitos se sucedían: publiqué algunos libros con cierto éxito dentro del ámbito de la vida consagrada española, algunos discos… el éxito humano me acompañaba. Y fue entonces, precisamente entonces, cuando Dios permitió un tumor en mi cerebro que me convirtió en un puñado de ceniza, en un muñeco de trapo, incapaz de vestirme, de caminar, de escribir, de dormir, de sumar y de restar…sentí una amenaza real de muerte sobre mí que no conseguía entender. Y le pedí cuentas a Dios de todo cuanto me sucedía y su respuesta fue: ¡Silencio! ¿De qué había servido toda mi vida si ahora era una frustración, un sonoro fracaso, y no conseguía entender nada?

Era una tesela más, entre tantas otras, desprendida del mosaico de Dios, como tantos otros seres humanos. Sentí que la ballena de Jonás me había tragado a mí también, sin la esperanza de ser vomitado en las arenas de Nínive.

36
El paseo de la fama
y la indecencia

*«El hombre es libre
en el momento en que desea serlo»*

(Voltaire)

He tenido la oportunidad en el último verano de visitar la ciudad impresionante de Los Ángeles, la segunda más poblada de Estados Unidos. Fue fundada hace casi cuatrocientos cincuenta años, en mil setecientos veintiocho, por un franciscano jiennense de Bailén, Felipe de Neve, con un grupo de cuarenta y tres españoles.

Precisamente he estado en el lugar del origen de la ciudad: la capilla dedicada a nuestra señora de los Ángeles. Es un lugar que aún conserva el encanto de lo que fue en sus orígenes. Se llama así porque los franciscanos fundadores quisieron perpetuar a santa María degli Angeli, la localidad italiana donde se encuentra la Porciúncula, en Asís, un lugar muy emblemático para cualquier franciscano.

La ciudad, lejos de conservar su espíritu franciscano original, se ha convertido en la referencia de la grandeza y la fama. Allí habitan la mayoría de las grandes fortunas y estrellas de Hollywood. Una colina cerca de la ciudad nos lo recuerda con un rótulo gigante visible a varios kilómetros. Muchos visitantes de esta ciudad no dejan de visitar, en un Boulevard de esta ciudad, el famoso Paseo de la fama donde hay más de dos mil setecientas estrellas dedicadas nominalmente a cada uno de los grandes triunfadores, las celebridades que han logrado destacar en el cine, en la música o en las distintas facetas creativas. Una estrella que no es gratis, cada patrocinador escogido debe abonar unos treinta mil dólares.

Hay ya nueve españoles que disfrutan de este reconocimiento. Pero esto no es lo más llamativo. Pude ver en una de las aceras, abarrotadas de estrellas de famosos, a un pobre hombre descalzo, durmiendo en un banco, haraposo, sucio y, seguramente, hambriento. La gente pasaba cerca de él buscando las estrellas de sus celebridades preferidas y apenas se percataban de la situación de aquel hombre vulnerable y tumbado en plena acera. Imaginé que para Dios este es el verdadero famoso, la auténtica estrella, el ignorado y despreciado por todos, como el caído a la orilla del camino entre Jerusalén y Jericó.

Y me pregunto qué pinto yo en todo esto. Y pinto mucho porque yo también puedo ser de esos caminantes indiferentes que pasan al lado del caído y miran el reloj porque van con prisa a misa. Pero he meditado esto y he descubierto que yo no puedo ser de esos. No porque yo sea mejor que otros. ¡Uf! ¡No lo soy de ninguna manera! Pero eso sí, soy incapaz de pasar de largo ante alguien que lo pasa mal o que me pide ayuda, me sentiría fatal. Ya me dicen algunos de mis amigos que, a veces, rondo la estupidez y que tengo que tener más cuidado porque muchos me engañan y se aprovechan de mí.

Mi sensibilidad roza límites enfermizos, puedo sentir la necesidad de llorar cuando veo situaciones humanas de gran vulnerabilidad que me desbordan. Me ha sucedido, por ejemplo, en esos días en que hemos vivido la DANA terrible que ha inundado esas zonas de Valencia, Andalucía o Castilla la Mancha. Las noticias informando a todas horas de esta tragedia me han llevado a emocionarme de tal manera que he tenido que cambiar, en ocasiones, la cadena de televisión que estaba viendo. Algo así me sucede cuando maltratan a los animales o dejan abandonado a un perro que ha formado parte del ámbito afectivo de una familia y de pronto se encuentra solo en algún lugar inhóspito y con la esperanza de que su dueño venga a buscarlo. Pero nunca vienen a buscarlo hasta que alguien desconocido lo lleva a una protectora de animales. No soporto esa inhumanidad. Debo ser un ser muy raro, si no somos raros todos los seres humanos.

37
Mi tarea: evangelizar con mis libros

«Ama la vida que tienes
para poder vivir la vida que amas»

(Hussein Nishah)

Una carta que me llega:

«Entrañable Don Alejandro:

»Una amiga común, Ana, me ha dejado una maravillosa obrita suya: *Noche oscura, resplandor y estrellas*. He leído otras veces cosas suyas, pero sabiendo la oscuridad que ha vivido y mis vivencias en la enfermedad, cuando habla de sus seres queridos, poco a poco, fue embargando mi ser y derramando mansas lágrimas de emoción y gratitud al Señor, por las pruebas de amor con las que nos atrae hacia Él, nuestra fuente de luz, amor y plenitud.

»Permíteme que ahora, en este compartir la fe, te tutee. Me presento: soy sacerdote, fui agricultor, ganadero, pastor, carnicero, hasta que a los 33 años me llamó el Señor para dejarlo todo y prepararme en el seminario.

Hace 17 años que soy sacerdote. Actualmente soy capellán de un hospital importante de Madrid. Tal vez por eso me conmueven tus vivencias en el dolor y doy gracias por tu recuperación, en ocasiones pedí por ti en la liturgia y en algunas Eucaristías. He ido sabiendo por Ana la evolución de tu impotencia y cómo te iba en las operaciones y cuidados intensivos…

»Hoy te he visto y me he llenado de alegría, aunque no te he saludado debido a mi timidez, sin duda. La abundancia del amor de Dios, como bien dices, a veces nos sobrecoge y nos puede asustar, pero es la más especial esperanza para las gozosas noches oscuras, que solo cuando recibimos la gracia divina que nos ilumina podemos dar gracias al Señor por esas bellas páginas que duelen ciertamente pero que la fe como un motor asume.

»Al tercer día de nacer estuve a punto de morir, y reconozco que mi vida es un milagro. A los 29 años tuve una fuerte experiencia de sufrimiento. Estuve setenta días ingresado y con el hígado casi sin funcionar. El Señor me –nos– ha librado y vivimos. Y desde la fragilidad la vida se ve de un modo nuevo; se valora el árbol, la corriente de un arroyo, el cariño, los detalles…

»Gracias, Alejandro, eres un gran religioso y sacerdote, un hombre de Dios y me has enseñado grandes y sencillas cosas que como pastor de mis ovejitas enfermas tendré en cuenta; pero humanamente también para mí mismo, enfermo para los enfermos.

»Te ama, tu hermano en Cristo»

Y la respuesta que me provoca:

«Querido hermano sacerdote:

»Antes de nada, gracias por tu carta que rezuma afecto y solidaridad espiritual por todos los poros. Gracias. Hoy no me ha hecho falta tomar mi medicación. Durante mucho tiempo, querido amigo, he vivido con prisas, como si estuviera a punto de perder el tren o se me desbordara la cafetera por un descuido. Y cuando caminas con prisa solo ves lo aparente, la cáscara, lo impresionante, pero pasa desapercibido lo esencial, los detalles, el acabado de la creación, que es siempre lo más espectacular.

»Hasta que llega un día, por circunstancias que solo Dios sabe –y a nosotros nos ha llegado–, y la vida, como un gendarme celoso, te detiene de repente y te impide dar un solo paso más. Empujas y empujas para seguir, pero algo o alguien se interpone en tu camino y no puedes avanzar. Es el reino de la impotencia.

»Solo entonces te paras a mirar a tu alrededor, ahora que la prisa se ha detenido porque no puedes dar un solo paso. Y es en ese momento cuando descubres lo que estaba ahí pero no lo habías visto, lo que parecía insustancial y en ello nos va la vida y la felicidad. Es curioso cómo Dios se las ingenia para reclamar nuestra atención, como esos mendigos en la calle o en el Metro que nos interpelan, una y otra vez, de mil maneras pidiendo unas monedas para comer. Dios se ha hecho mendigo con nosotros para hacernos recapacitar y mostrarnos ese otro lado de la vida, más allá de la cima de la monotonía. Es curioso. Me pregunto por qué tiene que sucedernos algo así, tan grave y doloroso, para que agucemos el oído del corazón y nos limpiemos las legañas de la vulgaridad. Pero así es Dios y no seré yo quien le pida cuentas. Atravesar esa cañada oscura y amenazante de la enfermedad y del dolor, de la inseguridad y el miedo, de la vida y de la cercanía de la muerte, tiene mucho de oscuro, pero también de resplandor cegador. Es una lección, amigo, que tú y yo hemos aprendido a fuerza de golpes. Desde entonces no nos hemos acostado sin descubrir algo nuevo, ¿verdad?

»Ahora podemos entender mejor aquello de "Mirad que hago nuevas todas las cosas" (Ap 21,1-4). Pero nuestro Dios se nos regala de mil formas y se nos cuela por todos los poros de la piel del alma. De aquel árbol seco y envejecido, enfermo y seco, nos ha hecho, solo por su bondad, un cedro frondoso y lleno de vida. Ya lo dice, –y de manera muy hermosa– el profeta Ezequiel:

> *¿A quién compararte en tu grandeza?*
> *Mira: a un cedro del Líbano*
> *de espléndido ramaje,*
> *de fronda de amplia sombra*
> *y de talla elevada.*

(Ez 31,2-9)

»Yo ahora, hermano, estoy viviendo una "luna de miel" de la vida. Desposado, felizmente, con mi "Socorrito" (así he bautizado a la válvula que llevo instalada en mi cerebro y que duerme conmigo en perfecta castidad). No sabes cuánto valoro ahora las cosas por muy pequeñas que sean: un rayo de sol, una brisa suave, el llanto de un niño, una sonrisa, un detalle (como tu carta), a mi gente más cercana, mi familia, mi comunidad, mis amigos. ¡Me siento un hombre bendecido! La vida me parece una aventura maravillosa que nunca agradeceré lo suficiente. Hasta duermo menos y madrugo mucho porque me parece que tengo que aprovechar más el tiempo.

»Mi mirada ha ganado en profundidad. Veo todo de otra manera, más íntima, más profunda, más amorosa, más positiva. Contemplo la vida como una peregrinación en la que me siento felizmente acompañado. Una aventura que he de hacer más luminosa y humana, más tierna, más de Dios, para aquellos que se cruzan conmigo. He perdido el miedo a los interrogantes y a las encrucijadas de la vida. Confío plenamente en mi Señor. Me emociono como nunca con la naturaleza y la creación ¡Y eso que los pastores llevamos mucha naturaleza en el cuerpo desde niños!

»Me encanta estrechar manos, dejarme abrazar y besar. ¡Me han tendido tantas manos a mí cuando no me sostenía! Mi oración se ha llenado de nombres y de agradecimiento como nunca. Deseo ser bendición para cuantos me rodean y me levanto cada mañana con un brío desconocido en mí, como queriendo aprovechar tanto tiempo perdido. Si tenía alguna duda, ahora ya no la tengo: deseo ser sacerdote (aunque incapacitado) y consagrado con todas mis fuerzas, con la mayor fidelidad y entrega. ¡Sacerdote de Cristo! ¿Puedo aspirar a algo más bello? Su consagrado, su propiedad personal… ¡Qué dicha! Hasta las lágrimas, que ahora me brotan con más facilidad, las agradezco. Antes de todo esto me costaba llorar y llegué a pensar que estaba sufriendo un proceso de *marmorización*. Pero no, he recuperado mi sensibilidad de siempre. Cualquier detalle humano me enternece y me emociona. Creo que no podemos aspirar a nada más bello que a ser humanos. Hasta Dios se hizo de los nuestros. Me encanta hacer cosas y llevar adelante mis tareas lo mejor posible. Estoy escribiendo –me encanta escribir– ¡tres libros a la vez! Y no pienso dejar ninguno en la estacada porque eso sería como abandonar a un hijo.

»Ya ves, amigo y hermano, cómo vivo este momento que Dios me regala. Te agradezco muchísimo tu carta –otro detalle de Dios para mí–. Y te la agradezco por dos importantes motivos: el primero, por tu gratuidad, me has escrito sin apenas conocerme –eso tenemos que arreglarlo–. Un día quedamos y me acerco hasta tu casa para tomar juntos un café o lo que haga falta. Y, en segundo lugar, porque me has hecho sentir que el objetivo con el que escribí mi libro –cuando aún estaba débil y convaleciente– se está cumpliendo: ser mano tendida a cuantos sufren.

»Muchas gracias, hermano, por tu iniciativa, que yo valoro mucho más de lo que piensas. Habrás visto que he suprimido tus datos personales en tu carta; lo he hecho a propósito porque me encantaría poder publicar tu carta y mi respuesta en alguna ocasión. También se la quiero enviar a mis amigos. ¿Me autorizas? Con un encuentro pendiente contigo, me despido. Cuídate, por favor, y cuenta siempre con mi amistad y mi recuerdo en la oración de cada día. Tenía ya una lista muy larga de amigos para llevar a la oración. Ahora he añadido otro, a ti. Permíteme un abrazo estrecho que te daré personalmente cuando nos veamos.

»Hasta entonces, amigo. Gracias.»

Nota: me llega en este instante, antes de publicar este libro, la triste noticia de que mi amigo ha fallecido. No ha podido ser el abrazo que nos debíamos. Pero algún día será donde Dios quiera.

38
Llamados a ser pescadores de hombres, no guardianes de la piscifactoría

«No se puede encontrar la paz evitando la vida»

(Virginia Woolf)

Tenemos el peligro de acomodarnos en una institución, incluso alentados por la fe, y acabar trabajando más por la institución que por el Reino. Lo he sentido muchas veces cuando nos preocupa más la Iglesia que el anuncio del Reino de Dios. Y la preocupación de Jesús no fue la Iglesia, sino el Reino. Nos ha preocupado tanto la Iglesia y su buen nombre que hasta se han ocultado casos de abusos y pedofilia con tal de que el nombre de la Iglesia permaneciera impoluto. Y, probablemente, se ha hecho con buena voluntad, para dejar en buen lugar a la Iglesia, pero eso nos ha cegado tanto que hemos llegado a ser cómplices de crímenes imperdonables.

Hoy ya no sabemos cómo arreglar este desaguisado del pasado y se multiplican los gestos de perdón, los protocolos preventivos y las decisiones de compensar a las víctimas. Hemos sido llamados a ser colaboradores del Reino de Dios y no a mantener los andamios y estructuras jerárquicas que nos han alejado del pueblo sencillo de Dios. No quiero ni pensar qué hubiese sucedido si Jonás, en vez de estar preparado y dispuesto para ser arrojado a la playa de Nínive, hubiese decidido acomodarse allí dentro, en el vientre de la ballena, que después de todo no estaba tan mal, y prepararse su salón de estar, con todos los adelantos de la época, para hacer su vida lejos del barullo de las guerras y de los conflictos humanos permanentes. Por lo pronto, el título de este libro ya no podría ser el mismo, habría que llamarlo «Jonás en el vientre de la ballena».

Y esto que puede parecernos tan exagerado sucede un día sí y otro también en el seno de nuestras comunidades, parroquias, partidos políticos y congregaciones. La disponibilidad se haya ausente y la acomodación crece en la misma dimensión. Vivimos para sostener más que para promocionar, mucho más en estos tiempos de escasez vocacional. Yo me niego ser guardián de piscifactoría cuando he sido llamado a explorar el comienzo del río allí donde mana el agua más pura y transparente. No quiero ser vigilante de andamios sino constructor y albañil del alba nueva del Evangelio. Llamado a servir y no a servirme. Convocado a ir a los pobres y no a mi pobreza. Llamado a liberar y no a esclavizarme con pequeños cuentos que ya no convencen a nadie. Los cuentos, cuentos son.

39
Una infancia de lujo sin lujos

«La vida es para ser disfrutada, no sobrellevada»
(Gordon B. Hinckley)

Mi infancia es un proyecto que el tiempo necesitaba perfilar, como el mármol en manos del escultor. Pero ya tenía todos los ingredientes para ser un proyecto feliz. He tenido una infancia de lujo sin ningún lujo. Era muy pequeño y ya tenía una familia pobre pero sobrada de amor; tenía brillo en los ojos porque había sido muy amado. Soy el primero de seis hermanos y me consta que mis padres me esperaron con toda la ilusión de que fueron capaces. Y eso lo he notado muchas veces.

¿Y por qué os cuento esto? Pues ahora veréis. Tengo que contaros, a vosotros, que sois mis incondicionales, lo que me sucedió un día inesperado, en un mes de octubre, y que me ha llenado de emoción. Veréis: todo era una sorpresa que me tenían organizada en el plató de la televisión de Castilla La Mancha Media. A mí me llamaron para hacerme una entrevista en televisión con la disculpa de que iban a hablar de mi pueblo y querían entrevistar a algunos personajes ilustres de allá. Yo era entonces presidente de CONFER. Enviaron un taxi hasta mi casa para recogerme y trasladarme a Toledo, donde tiene los estudios la televisión manchega, y allá fui. Hablé con mi hermana para ver si alguien de mi familia iba a ir porque sabía que asistiría gente del pueblo. Mi hermana me dijo –me tenía engañado– que se habían enterado tarde y que ya no había plazas en el autobús. ¡Qué lástima!

Llegué allí y cuando entré en el plató me dieron un caluroso aplauso con vivas y gritos de apoyo. ¡Había casi doscientos paisanos en aquel plató! Me sentaron cerca de Vicen, mi vecina, de Francis, mi amigo de la infancia y de Claudia, la alcaldesa entonces. En un momento determinado la presentadora, Teresa Viejo –muy simpática, por cierto–, se acercó a mí, me saludó y me invitó a pasar al sillón del escenario. Y allí fue haciendo un relato de los momentos más significativos de mi vida mientras hablaba conmigo. Habló de mis tiempos de postulante en Herencia, de mi noviciado, de mis estudios en Salamanca, de mis tiempos de profesor y formador en Valladolid… Cuando habló de mi familia invitó a pasar a mis padres y hermanos. ¡Imaginaos mi sorpresa al verlos a todos allí cuando yo no me lo esperaba! Estaban retransmitiendo en directo.

Habló después de mis aficiones y me dijo que había una canción que yo había compuesto y quería que cantara en directo. Además, había pensado en alguien para que me acompañara: era mi sobrina, Virginia, que canta como los ángeles. Los dos cantamos la canción «Por ti dejé mi casa...», inundados de una intensa emoción.

Como en ella hablo de mi madre y del momento en que yo dejé mi casa para ir al seminario, mi madre se emocionó mucho y tuve que acercarme a consolarla. Ese fue otro momento muy emotivo.

Después me anunciaron que Fray Tomás, mi amigo y hermano misionero en Santo Domingo, estaba en antena. Escuché su voz y estuvimos charlando en directo. Como estaba allí su madre entre el público hablaron un poco los dos. Le preguntaron sobre mí, que fui su profesor, y él me lanzo varias alabanzas que no merecía. ¡Quién nos iba a decir, amigo Tomás, en aquel momento de nuestro primer encuentro en la plaza del pueblo, que la vida nos tenía reservadas estas experiencias! Pero así es Dios que nos regala de vez en cuando sorpresas en forma de caricia. Es muy importante dejarnos querer.

Mientras tanto, en las pantallas del fondo del escenario iban apareciendo fotos de mi infancia, de mi loca juventud en pantalón campana y con los cabellos largos, de mi ordenación, de mis viajes, mis iconos… ¡Todo un recorrido por mi vida! La verdad es que fue todo muy entrañable y muy emocionante. Mi familia vivió una experiencia inolvidable y eso es lo único importante. Fue un «homenaje» muy emotivo, hecho con mucha delicadeza y respeto.

No me siento merecedor de nada de esto. Creo que mis paisanos me valoran mucho más de lo que yo merezco, pero no quiero caer en falsas modestias; fue muy bonito y yo quiero agradecerlo de corazón. ¡Gracias, paisanos, por el buen momento que me hicisteis vivir en compañía de mi familia aquel día 15 de octubre, fiesta de santa Teresa! ¡Gracias!

Eso es más o menos lo que pasó. Un día inolvidable e inesperado. La gente de mi pueblo disfrutó mucho y yo disfruté con ellos. En mi agenda he subrayado con rotulador de color ese día para que la memoria lo guarde en algún rincón del corazón. Tal vez algún día este recuerdo me devuelva la alegría del niño que fui y que deseo seguir siendo.

Ha crecido de manera admirable una conciencia ecológica entre nosotros que se traduce en una honda preocupación por la naturaleza. No sabemos si en el fondo es un cierto miedo a un futuro contaminado en todos los sentidos, a la amenaza real del cáncer o si en realidad es un deseo ardiente de hermanarnos con la naturaleza y descubrir así la huella de Dios en ella. Lo cierto es que en esto nos va la vida. Cada día lo sabemos mejor. La gente manifiesta una importante preocupación y precaución ante la energía nuclear, las radiaciones, las antenas de telefonía móvil, las torres solares, los abonos químicos, los productos transgénicos e incluso los teléfonos móviles por miedo a posibles radiaciones o contaminaciones dañinas para la salud. Y hacemos muy bien. Necesitamos reconciliarnos con la madre naturaleza, encontrarnos en ella, disfrutar de ella y para eso es imprescindible conocerla, respetarla y amarla.

Yo he crecido a la fe en plena naturaleza. Antes de tener conciencia de Iglesia y mucho menos de normas, ritos y estructuras, he rezado en lo alto de los montes, mientras acompañaba a mis cabras, entre almendros y olivos, a la sombra de la ladera de la montaña y en lo alto de los picos más rocosos donde la vista se perdía en el horizonte. Puedo decir, con toda propiedad, que mi fe es primero y esencialmente ecológica.

Mi primer atentado ecológico y mi primera lección ecológica ocurrió cuando tenía solo seis años. Iba con mis cabras por el monte cercano a nuestra casa de Valedalgua; ya estaba de vuelta después de una mañana agotadora, cuando vi que entre mis pies se movían, a la velocidad del rayo, varios perdigones que de inmediato se escondieron entre las piedras y los perdí de vista. Pero yo, aunque era un niño, sabía muy bien que no estaban lejos de allí y me puse a buscarlos con detenimiento. Fueron apareciendo uno a uno, confundidos con el color de la tierra, hasta tres perdigones. A mí me pareció un gran éxito, como una batalla ganada, haberlos encontrado. Los cogí, los puse en mi mano, los apreté para que no se escaparan y seguí mi camino acompañando a mis cabras que ya estaban llegando a su majada.

Lo primero que hice al llegar fue correr hacia mi padre para enseñarle mi gran trofeo: tres perdigones que estaban en mi mano e iban ya casi asfixiados del calor que mis manos les producían. Abrí la mano y le dije a mi padre, mientras les mostraba los tres pedigones: «Mira lo que he cazado». Mi padre, lejos de alegrarse y felicitarme, frunció el ceño y me dijo muy enfadado: «¡Eso no está bien! ¿Qué harías tú si te lleváramos lejos de tu madre y te dejáramos en un lugar lejano sin que pudieras verla nunca más?». Su respuesta me dejó tan confundido, por inesperada, que me puse a llorar desconsoladamente. «No, no», añadió mi padre muy serio, «llorando no se arreglan las cosas. Vuelve al lugar donde cogiste esos polluelos y los dejas en el suelo. Escóndete y verás cómo su madre viene pronto cantando a por ellos». Me pareció un juego muy divertido e hice lo que mi padre me había mandado. Volví al lugar de los hechos, dejé los perdigones en el suelo y me escondí detrás de unas espesas retamas. Al poco tiempo, oí el canto de la perdiz. Era su madre, que volvía alertada por el piar de sus polluelos. Me pareció algo fascinante. Mi padre había acertado de lleno: llegó corriendo entre los matojos y con su canto suave reunió en torno a ella a todos sus polluelos. Eran muchos más de tres, pude contar hasta seis, y todos se fueron detrás de ella, hasta que los perdí de vista entre los matorrales. Volví a mi casa con un deseo inmenso de contarle a mi padre todo lo que había visto. Este fue mi primer atentado ecológico y también la primera lección que recibí de mi padre para que supiera valorar y cuidar la naturaleza y todos sus seres vivos, y esto lo he cumplido escrupulosamente hasta hoy.

Desde muy niño he disfrutado contemplando el sol que nace de lo alto, y en mi interior he cultivado una preciosa intuición: que tanta belleza no era casual sino regalo de un amor inmenso de Alguien que nos amaba sin medida y al que más tarde pude identificar por la fe de mi madre y la fe de la Iglesia, la otra madre, con el nombre de Dios.

El primer templo donde yo he rezado siendo niño ha sido la montaña, el valle. Admirado, la mayoría de las veces, por la luz radiante de la mañana, con tonos rosados y dorados, y asustado en otras ocasiones por la fuerza amenazante de la tormenta cuando los cielos se ensombrecían y descargaban inmisericordes sus rayos y truenos, su viento y la furia del agua sobre nuestros trigales maduros. Y en esas circunstancias mi madre me enseñó a agradecer y a suplicar. Me enseñó a agradecer la belleza de las peonías que crecen en la solana de los cerros, el agua que escasea tanto en nuestras tierras manchegas, la vida recién estrenada de los polluelos y perdigones que me encontraba cada día en los nidos y en los surcos por donde caminaba acompañando mi pequeño rebaño.

Cuando llegaba la primavera y nuestras sierras, agotadas y maltratadas por los hielos del invierno, se cubrían de verde y de flores, todo exigía una oración y una admiración sin remedio. Cuando las sierras, abarrotadas de jaras, se vestían de flores blancas bellísimas, la oración brotaba de mis labios niños con la misma serenidad con que el agua brota del manantial. Y más de una vez me arrodillé sobre la tierra alfombrada de hierba en lo alto del monte o en el valle para rezar con sencillas oraciones que me había enseñado mi madre u otras que yo mismo me inventaba. Nadie me forzaba, nadie me veía, pero yo sabía muy bien que Dios me miraba con cariño y escuchaba atentamente lo que yo le decía en el silencio. Era nuestro secreto.

Me enseñaron a agradecer y a suplicar. Cada vez que la tormenta amenazaba y, en pleno mes de julio, oscuros nubarrones se cernían sobre los trigales y centenos y sobre las vides cuajadas de racimos tiernos todavía, mi madre nos llevaba, a mis hermanos y a mí, a una habitación oscura, a rezar para pedir a Dios que la tormenta no hiciera daño a las cosechas a punto de ser recogidas. Aún puedo ver, si hago memoria en el corazón, la pequeña vela encendida que mi madre guardaba para aquellas ocasiones.

En efecto, el primer templo donde he rezado ha sido la naturaleza; y el primer templo material donde he rezado ha sido el que yo mismo he construido con piedras y pizarras para albergar una pequeña piedra, que a mí me parecía una imagen de la virgen, o una pequeña cruz que yo mismo había tallado con mi machete monte arriba y monte abajo. Nadie podrá negarme que la naturaleza ha sido para mí ámbito de fe y de encuentro con el Dios escondido que tenía prisa por dárseme a conocer. Aún hoy, después de tantos años, cuando recorro los viejos montes de mi infancia pastoril puedo encontrar, si me lo propongo, pizarras marcadas por mí con una cruz o pequeños garabatos donde puede leerse «María». Son las marcas de una fe infantil pero firme que quería abrirse paso con decisión, como la vida.

Yo descubrí muy pronto la huella de Dios en la naturaleza y esta fe infantil se hizo tan intensa que hasta hoy vivo de las rentas de entonces. Yo quisiera encontrar palabras –y no lo he conseguido– para explicaros la emoción intensa y la experiencia mística que he sentido cuando caminaba de madrugada con mis cabras hacia la cumbre de la montaña mientras los senderos se iluminaban por la luz de la luna llena. Como si una caricia blanca de luz de Dios se hubiera depositado en las piedras y en los senderos, en las encinas y en los tomillos. Supe después que aquella fe era infantil porque estaba unida solamente a la belleza y no contemplaba el sufrimiento y la injusticia.

La primera duda o inquietud que surgió en mí vino acompañada del pan. Mi madre nos enseñó a besar el pan cada vez que un trozo se nos caía al suelo. Y recuerdo que siempre nos decía: «el pan es un regalo de Dios y no se puede tirar porque hay muchos niños en el mundo que no tienen pan para comer». Y mi fe empezó a llenarse de interrogantes, muy simples, pero muy necesarios para crecer. En la misma naturaleza descubrí la crueldad y la violencia de manera evidente. ¿Cómo olvidar que la culebra devoró, en muchas ocasiones, los polluelos que yo cada día veía crecer en su nido? ¿Cómo olvidar la picadura cruel de la víbora a mis cabras y su sufrimiento porque no podían comer con la boca hinchada por el efecto del veneno? ¿Cómo olvidar la crueldad del águila que criaba en los riscos del monte Madroñal, que yo tantas veces exploré, cuando se lanzaba sobre los cabritos recién nacidos y los convertía en su presa? Descubrí entonces que la vida era compleja y misteriosa. Exactamente igual que sucede con la ecología.

Valdelagua es una huella, un lugar que ha existido alguna vez en mi vida y que, sin duda, dejó mucho de sí misma en mí, como yo dejé mucho de mí mismo en ella. Cada lugar tiene su rostro y cada rostro es distinto según la esquina de la edad desde la que se mira. Yo miré Valdelagua cuando era solo un niño, y la amé y no es fácil olvidar todo lo que ella supuso y sembró en mí, en mi mirada y en mi corazón.

Si tuviera que resumir lo que es para mí Valdelagua, lo haría en pocas palabras: una casa humilde de adobe, enjalbegada, la casa de mis abuelos paternos, y una hermosa alameda, llena de trinos, que alimentaba y refrescaba una fuente de agua abundante que, como tantas realidades, ya se han marchado, tal vez para nunca más volver. Habría que añadir, para ser justo, un rebaño de cabras, más pocas que muchas, de las cuales vivíamos todos y a las cuales servíamos todos. En esta casa seis niños corrían y jugaban a todas horas sin descanso. Porque los niños tienen una energía especial para jugar todo el día sin cansarse hasta caer rendidos.

Valdelagua era una historia distinta cada día. Un día habíamos descubierto un nido de torcaces en la encina, otro una culebra se había metido a bañarse en nuestra alberca y tuvimos que declararle la guerra, otro día se había perdido una cabra y había que buscarla antes de que las alimañas la mataran. En propiedad, Valdelagua es una historia de amor que cada día se hace más nostalgia, porque nunca más podrá volver a ser lo que fue.

Y mirar atrás es siempre un riesgo, porque son muchas las experiencias acumuladas, como la cuajada que mi madre amasaba en la artesa cuando se disponía a hacer el queso. Es también una noche alrededor del fuego, junto a la chimenea, contando cuentos e historias de miedo mientras la sartén hervía con un rico guiso de los que mi madre nos preparaba. Es también una historia de sencillez y humildad, de pobreza sin dolor en la cocina, a la luz del candil o del carburo, sentados en el poyete de piedra o en el mismo suelo entre risas y gritos de niños que discuten porque se aman. Y muchas noches de luna llena tumbados en la parva, en la era; o de noche oscura, contemplando el incomparable espectáculo de las estrellas.

Si repasáis mi vida no paséis lejos de Valdelagua, porque tal vez esa sea mi historia en toda su plenitud. La experiencia de una niñez tan feliz ha sido el sentido de una vida tan plena. Hoy he vuelto a Valdelagua esperando encontrar el ayer y solo encontré la desolación. La fuente está seca, la alameda ya no existe y la casa se ha derrumbado sobre sí misma. Valdelagua se fue con mi infancia y ya no hay retorno posible más allá del recuerdo. Mi padre también nos ha dejado ya, para hacer más sólida la nostalgia.

40
El encuentro con la vulnerabilidad

«La buena vida es la que está inspirada por el amor
y guiada por el conocimiento»

(Bertrand Russell)

En los últimos tiempos me he convertido en un hombre muy reflexivo. Me cuestiono mucho las realidades sociales que me rodean y con las que convivo todos los días. Reconozco que cuando vivía en el convento estaba muy protegido por el entorno y por la institución. Es una vida muy hermosa la Vida Consagrada conventual, con la oración diaria, la vida comunitaria y la misión que se nos encomienda a cada uno, según nuestras capacidades y las necesidades que vemos a nuestro alrededor, desde nuestro carisma particular. Pero no tiene nada que ver con la vida que ahora me toca llevar, por pura elección personal.

La vida que ahora me rodea está llena de desafíos que no percibía antes o percibía de otra manera. Vivo como un consagrado que no tiene convento ni comunidad, me siento al descampado, pero no estoy dispuesto a abandonar lo esencial de mi consagración. Disfruto rezando la Liturgia de la Horas en mi teléfono móvil, a veces en lo alto de la montaña, para sentirme unido con mis hermanos y con toda la Iglesia. Para eso tengo en mi pueblo un paisaje con unas montañas hermosísimas y rezar en sus cumbres es algo sublime que recomiendo a todo el mundo, sea o no consagrado; todos los somos por el bautismo.

No puedo dejar a un lado mi condición de mercedario, redentor de cautivos y amante de la libertad de los hijos de Dios. Por eso, junto a mi oración diaria, procuro, porque así me brota, estar cercano a aquellos que sufren el peso de la cautividad, sea cual sea. No voy a presumir de mi compromiso porque eso es absurdo. Lo que hago, lo hago porque me gusta y porque Dios me da esa fuerza necesaria para poder hacerlo. Solo voy a contar un caso que me tiene tocada el alma y al que me dedico a diario, a la vez del cuidado de mi madre.

Se trata de Alberto –es un nombre ficticio para que sea anónimo porque en mi pueblo lo conoce todo el mundo–. Conocí la situación de Alberto gracias a su madre, que está en una residencia lejos del pueblo. Está allí con su esposo porque, además de enfermos, son ya nonagenarios. Me llamó una noche por teléfono para decirme: «Por favor, padre, visite a mi hijo que está solo en mi casa y está enfermo. No sé si se alimenta bien si se asea o no y si limpia la casa. Me llama desesperado diciéndome que cualquier día se va a quitar la vida porque no aguanta tanto dolor». Y esto para una madre es muy doloroso. Así fue como me acerqué a visitar a Alberto.

La primera impresión, nada más abrirme la puerta, fue casi de infarto. En el pasillo de entrada había acumulado un montón de basura. Fue aún peor al entrar en la casa. Estaba todo desordenado y tirado por los suelos, apenas se podía caminar sin pisar algo. Procede de una familia de joyeros bien situada y se veían relojes por todos los lugares: por la cama, por las mesas, por el suelo... Cuando entré en la cocina vi que había una torre de platos sucios amontonados en el fregadero. El olor era desagradable y pensé que lo primero que tenía que hacer era lavar aquellos platos para que tuviera alguno limpio y disponible para poder comer.

Alberto me miraba extrañado y me preguntó por qué hacía todo aquello. «Yo no te puedo pagar» me decía una y otra vez. Le expliqué que su madre me había pedido que fuera a visitarlo y se lo había prometido. «Ah», me dijo, «pues de paso puedes confesarme, porque mi vida es un desastre». Después de esta visita y de su confesión se repitieron muchas otras visitas que Alberto agradecía de corazón.

Con el tiempo, me fui dando cuenta de que necesitaba que le visitara de manera permanente. Comencé a ponerle la lavadora, a hacerle algo de comer cuando lo necesitaba y, poco a poco, fue tomando en mí tanta confianza que un día me dijo que me daba una copia de la llave de su casa por si alguna vez entraba y lo encontraba muerto. Me costó un poco aceptar este ofrecimiento, pero al final lo acepté, porque si no lo visitaba yo nadie lo iba a hacer.

Desde entonces, entro en la casa con frecuencia para visitarlo y ver cómo se encuentra. Y cada día me sorprendo más de las condiciones en las que vive, son infrahumanas. Pero no veo la manera de que pueda superar esta situación porque él mismo es el primero que no desea superarla y nadie cercano a él está en condiciones de hacerlo. Alberto es para mí el reflejo de la vulnerabilidad en la que puede instalarse un ser humano. Es la viva expresión de la cautividad humana.

41
Jonás y yo

«El obstáculo es el camino»
(Proverbio zen)

Mi vida y la de Jonás tiene muchos paralelismos. Soy un Jonás con todas las de la ley. Yo también he querido huir de Dios no pocas veces. He logrado, sin mucha aportación por mi parte, lograr lo imposible. Nunca he tenido grandes dudas sobre la necesidad de llevar a cabo la misión a la que he sido llamando, pero sí me ha costado mucho sobrellevar esos días de infierno en el vientre de la ballena que en ocasiones me han tocado vivir, y tener que llegar a Nínive a tanta distancia del lugar donde he vivido los primeros años de mi vida. Lo he descubierto ahora que estoy en mi casa familiar cuidando y dejándome cuidar por mi madre casi nonagenaria.

Dios ha sido conmigo providente, la mayor providencia ha sido encontrarme con Jesucristo. Mi encuentro con Él ha sido el mayor don y ha supuesto un cambio de rumbo en mi itinerario vital muy grande. Yo hubiera sido muy distinto si no le hubiera descubierto, muy distinto y muy desgraciado. Y ahora he sido vomitado por la ballena en la playa de mi infancia. Dios sigue siendo providente conmigo.

Y no deseo sino serle fiel aquí donde Él me ha colocado. Sin duda, de una forma diferente a la de antes, porque mis recursos ya no son los mismos después de esa intervención cerebral. Me dicen mis amigos que es cosa de mi cabeza y por eso mismo me limito. Pero yo sé muy bien, porque me conozco un poco, que arrastro limitaciones muy fuertes que han supuesto un antes y un después. Y si Dios quiere que sea así, así será. No voy a luchar contra Dios como ese hombre del libro del Génesis, Jacob, que fue consciente de que había luchado contra Dios (Gen 32,24-28).

Me quedo de Jonás con su espíritu de lucha. Sin duda, le tocó afrontar el tiempo en el vientre de la ballena con expectativas encontradas. Por una parte, se preguntaría qué hacer allí dentro en un lugar tenebroso y oscuro y, por otra parte, imaginamos que soñaría con poder salir de allí algún día para continuar su tarea. En cualquier caso, aceptar lo que Dios le había preparado no era fácil si no le hubiera asistido la fuerza de la fe. Podía ser un desobediente, pero no un pagano.

Epílogo

Siempre me ha conmovido el dolor humano, ese desvalimiento entre el que nos movemos todos los días. La ballena del dolor y del fracaso nos traga con mucha frecuencia e ignoramos cuándo vamos a ser vomitados en algún lugar más sereno y tranquilo. Una precariedad que tiene que ver, casi siempre, con la falta de amor. Vamos por la vida con una venda en los ojos que nos impide ver la realidad más real. Nos quedamos casi siempre en la cáscara, en lo superficial, en lo intrascendente y la vida se nos escapa sin pena ni gloria. Nos pasamos la vida acumulando cosas como si fuéramos a vivir aquí para siempre. Nos negamos, no sé por qué, al amor, y ésa es la cuerda de nuestro suicidio. Un pañuelo opaco cubre nuestra cara y nos impide contemplar ese horizonte cuajado de luz que Dios nos ofrece.

Pero no siempre es fácil y posible ver ese horizonte luminoso cuando nos acecha la enfermedad, la soledad o nos ronda la muerte. La condición humana es tan frágil y quebradiza que llega a conmovernos. Una realidad humana que solo vemos reflejada en la cruz de Cristo, el Señor, escupido y crucificado, como si fuera un malhechor. ¿Cómo entender que Aquel, que es la Vida, muera así, humillado a nuestra vista? Un hombre que ya no parecía hombre, sino un gusano. Solo lo puedo «entender» desde la profunda solidaridad de un Dios, rico en misericordia, que quiere compartir con nosotros toda la humanidad, incluido el dolor y la muerte, para mostrarnos que no estamos solos en este universo maravilloso, inmenso y extraño, sino que nuestro Dios está a nuestro lado, en todo, menos en el pecado, para abrirnos una puerta al sentido y a la Vida plena.

Por eso la fe se convierte en un pasaporte, en una señal, en un bastón para el camino que serena y consuela nuestro corazón asustado e inquieto. «Venid a mí todos los que estáis cansados y agobiados y yo os aliviaré, porque mi yugo es llevadero y mi carga ligera». Recuperar la misericordia se ha convertido, pues, en una urgencia en el caminar de la Iglesia. El papa Francisco está insistiendo como nunca en recuperar la misericordia como actitud esencial de la Iglesia. Una misericordia que se hace especialmente intensa con el alejado, el condenado, el excluido por la propia Iglesia, cuando ha aplicado más el derecho canónico que la misericordia y el perdón. Está aún por llevar a cabo la «revolución de la ternura».

«Misericordia quiero y no sacrificio», recordaba Jesús con una especial intensidad a los fariseos y lo decía, además, con sus gestos, acercándose al caído, al pecador, a la mujer prostituta, al enfermo, al poseído por el mal, a los pecadores. La vida de Jesús fue un encuentro permanente con los alejados, y se saltaba la ley sabática, tan sagrada, si lo requería un ser humano necesitado. Curaba y curaba en sábado para que aprendiéramos que la persona está por encima de la ley. «No se hizo el hombre para el sábado sino el sábado para el hombre». Algo verdaderamente escandaloso para su tiempo que aún hoy no practicamos con asiduidad. Vivimos para ser engullidos por las fauces de la ballena, nos entra en el sueldo de ser personas. Venir a la vida es un reto permanente. Si se nos concediera el privilegio de poder ver nuestra vida en fotogramas antes de llegar a ella muchas personas optarían por no venir. He conocido vidas muy desgraciadas que han terminado en el fracaso. ¡Qué difícil es ponernos en los zapatos de los condenados y suicidas!

En la orilla del río Danubio, en Viena, hay un monumento ideado por el director de cine Can Togay. Lo creó en la orilla oriental del río Danubio con el escultor Pauer Gyula para honrar a los judíos masacrados por los milicianos húngaros fascistas pertenecientes al Partido de la Cruz Flechada en Budapest durante la Segunda Guerra Mundial. Se les ordenó que se quitaran los zapatos (los zapatos eran valiosos y podían ser robados y revendidos por los milicianos tras la masacre) y fueron fusilados al borde del agua para que sus cuerpos cayeran al río y fueran arrastrados. El monumento conmemorativo representa sus zapatos abandonados en la orilla. Es un memorial de la barbarie humana. Este monumento sobrecogedor está situado en la orilla Pest del paseo del Danubio, muy cerca del actual Parlamento húngaro. Se llama «Zapatos en la orilla del Danubio» y está levantado en recuerdo y honor de más de 3500 personas, 800 de ellas judías, que fueron echadas al Danubio atadas en grupos para que no pudieran salvarse, durante la época del terror de la Cruz Flechada. Sesenta pares de zapatos de hierro o cerámica que recuerda el momento en que se obligaba a los detenidos a quitarse los zapatos antes de ser empujados al río. Hay una inscripción en hierro fundido que lo recuerda en inglés y en hebreo: «A la memoria de las víctimas fusiladas en el Danubio por milicianos de la Cruz Flechada en 1944-45. Fue erigido el 16 de abril de 2005». ¡Qué despedida de la vida tan terrible!

Del mismo modo, o peor aún, acabaron los presos en los campos de concentración del tercer Reich, hambrientos o gaseados. También los niños famélicos del tercer mundo que no consiguen ser agraciados con el alimento suficiente que sobra y tiramos en otros lugares del mundo. Del mismo modo, los civiles muertos bombardeados en Gaza o en Ucrania en guerras interesadas y absurdas.

Una buena parte de la humanidad es tragada a diario por la ballena de la desgracia. Pero estamos llamados a la esperanza, porque sabemos muy bien de quién nos hemos fiado. Nuestra vida se irá llenando de sentido y de esperanza en la medida en que cada uno de nosotros lo vayamos haciendo posible en nosotros mismos y a nuestro alrededor. Y sin la esperanza de la fe la vida se convierte en cetáceo salvaje que, como a Jonás, acaba tragándonos. Nuestra humanidad está necesitada de redención y de justicia y grita desesperadamente: «¡Ven, Señor, Jesús!».

Démonos una oportunidad, porque se anuncia un nuevo tiempo de gracia y de salvación. Eso es la Pascua cristiana.

ÍNDICE

1. Punto de partida.. 7

2. Un profeta desobediente........................... 13

3. Un porqué y dos respuestas.................... 17

4. La fastidiosa costumbre que Dios
   tiene de llamar.. 21

5. Cómo a las personas les gusta
   escurrir el bulto... 27

6. ¿Dios castiga o no castiga?..................... 35

7. El miedo o cuando temblamos
   de arriba abajo... 39

8. ¿Muchos dioses o un solo Dios?
   Según se mire... 41

9. El temor de Dios o el temor a Dios....... 47

10. Pagar justos por pecadores.................... 51

11. El chivo expiatorio................................... 53

12. ¿Mártir o kamikaze?................................ 55

13. Acordarse de santa Bárbara
    cuando truena.. 61

14. Ofrecer sacrificios y hacer votos.......... 63

15. Cuando nos traga la ballena.................. 67

16. Hacia donde la ballena nos lleve.......... 69

17. De cómo Dios siempre se sale
    con la suya.. 73

18. Coger fruta de los árboles que
    no hemos sembrado................................. 75

19. Esto del amor es complicado
    y sublime... 79

20. Ofelia, la mujer escrupulosa........................ 83

21. La muerte, ¡ay la muerte!............................. 87

22. Cuando la vida se vuelve Vida...................... 89

23. El óbolo de la viuda..................................... 91

24. El mundo en el que malvivimos................... 95

25. La belleza me habla de Dios cada día........... 99

26. Crónica de un viaje imprevisto
    al lejano oeste... 103

27. Una experiencia para quitarse
    el sombrero... 113

28. El lujo de cumplir años................................ 119

29. El misterio de la vida................................... 121

30. Margarita, la mujer destrozada.................... 123

31. Laly, la mujer de la calle.............................. 127

32. Lucía, enamorada... 133

33. Pepe, el constructor arruinado..................... 135

34. Quiteria, la mujer coraje.............................. 139

35. Yo mismo soy una tesela desprendida.......... 141

36. El paseo de la fama y la indecencia.............. 145

37. Mi tarea: evangelizar con mis libros............. 149

38. Llamados a ser pescadores de hombres,
    no guardianes de la piscifactoría................. 157

39. Una infancia de lujo sin lujos....................... 159

40. El encuentro con la vulnerabilidad..................   171

41. Jonás y yo..   175

Epílogo..   177